Herzliche[n]
Glückwunsch zur
Prüfung u. in der
Zukunft Glück -
viel Erfolg.

Peter + Elsa

HH, am 15-1-74

Bertl Valentin

»Du bleibst da, und zwar sofort!«

Bertl Valentin

„Du bleibst da, und zwar sofort!"

Mein Vater
Karl Valentin

R. Piper & Co. Verlag
München

Mit 58 Fotos auf Tafeln und 4 Abbildungen im Text

Bildernachweis: Familienarchiv, Planegg; Foto Pragher, Freiburg i. Br.; Valentin-Musäum, München; Stadtarchiv München.

Der besondere Dank der Verfasserin gilt
Frau Eva Friedrich, Frau Hannelore Schwartz, Herrn K. Klühspies, Herrn Dr. Roeck, Herrn Adalbert Lobinger und Herrn Erwin Münz

ISBN 3-492-01897-1
Titelnummer 1897

Gesetzt aus der Linotype-Baskerville
Gesamtherstellung: Graph. Werkstätten Kösel, Kempten
Printed in Germany

Meinem Annelieserl

Meiner Familie

Zum besseren Verständnis

»Schreiben Sie doch ein Buch über Ihren Vater, so wie *Sie* ihn erlebt haben. Das ist es nämlich, was uns vom Valentin fehlt!« Ich wollte mich nicht ewig bitten lassen und habe das Buch geschrieben.

Oft habe ich nicht nur einige Sätze, sondern mitunter ganze Artikel, Briefe, Besprechungen aus fremder Feder übernommen. Wenn ich das tat, war ich entweder derselben Meinung oder davon überzeugt, daß ich das mit meinen eigenen Worten bestimmt nicht so ausdrücken kann, oder aber, ich hielt es ganz einfach für lesenswert. Vor allem habe ich versucht, all das von Karl Valentin zu erzählen, woran ich mich erinnere, was mich besonders beeindruckt hat und was ich an ihm liebte. Und dann ist in diesem Buch manches abgedruckt und abgebildet, was ich von ihm besitze und was der Öffentlichkeit vielleicht nicht vorenthalten bleiben sollte – denn Vater, der scheue Karl Valentin, war und ist eine »öffentliche Gestalt«.

Sie werden es sicher in den Zeitungen gelesen haben: Bei der Umfrage eines demoskopischen Institutes nach dem beliebtesten Münchner stand mein Vater an dritter Stelle. Zuerst kam der Oberbürgermeister Dr. Vogel, dann sein Vorgänger Thomas Wimmer. Also nach zwei Bürgermeistern.

Bürgermeister hätte mein Vater übrigens auch schon einmal werden sollen. Nämlich bei der ersten Bürgermeisterwahl nach der Bayerischen Revolution, am 15. Juni 1919. Eduard Schmid wurde Erster Bürgermeister. Weitere Stimmen bekamen: Kronprinz Ruprecht, Hindenburg, der Revolutionär Levien – und Karl Valentin. Das Stadtarchiv bürgt für dieses Kuriosum.

Noch ein kleiner Hinweis: Ich bin kein Sohn, sondern eine Tochter; denn mein Vorname ›Bertl‹ kommt nicht von Albert, nicht von Robert und nicht von Berthold, sondern von Berta.

Bertl Valentin-Böheim, geb. Fey

I

»Ziehe hinaus, edles Selbstwerk meiner Hirngespinste, in die Nähe, in die Ferne und noch weiter. Lasse deinen Inhalt von den lachbedürftigen Menschen einsaugen, damit dieselben auf einige Stunden das Vitamin F (Fröhlichkeit) in sich aufnehmen.« Dieses Vorwort stammt von meinem Vater. Er schrieb es 1940 für sein Büchlein »Valentiniaden«. Dem Vitamin F möchte ich hier das Vitamin B (Beschaulichkeit) hinzufügen.

Zu Beginn indes sei etwas vermerkt, was weder fröhlich noch beschaulich und nicht einmal mehr »neu« ist, nämlich, daß Karl Valentin am 4. Juni 1882 zu München in der Vorstadt Au, in der Entenbachstraße 63 – heute Zeppelinstraße 49 – das Licht der Welt erblickte. Valentin selbst berichtet über sein weiteres Leben so:

»Ich, Karl Valentin, ein Münchner Komiker, bin der Sohn eines Ehepaares. Aus Gesundheitsrücksichten erlernte ich im Alter von zwölf Jahren die Abnormität und zeigte nach reiflicher Überlegung Talent zum Zeitunglesen. Mein Hang zur Musik ist alltäglich. Am liebsten höre ich zu, wenn ich selbst spiele.

Meine Leidenschaft ist das Stehlen, welches ich mir jedoch vorsichtshalber – ohne je einmal gestohlen zu haben – sofort wieder abgewöhnte.

Kaum den Kinderschuhen entwachsen, kauften mir meine Eltern größere. Im Winter trage ich absichtlich gern keine Strohhüte, trotzdem ich durch jahrelanges Training in den Tropenländern dazu gezwungen war. Meine Eigenheiten sind eigen!

Mein neuester gedachter Trick, mich während einer Hungerkur sattzuessen, wurde von vielen nachgemacht, aber – Original

bleibt Original! Meine letzte Errungenschaft, die Herausgabe eines Buches: Kleiner Leitfaden zum zweimaligen Wiederkäuen der einmaligen Nahrungsaufnahme des Menschen, wodurch also jedem Menschen pro Tag zwei Mahlzeiten erspart geblieben wären, wurde mir vom Verband Deutscher Lebensmittelhändler konfisziert. Ich habe die ganze Welt bereist, mit Ausnahme von Amerika, Asien, Afrika, Europa und sämtlicher anderer Länder. Auf meiner Orientreise, die ich im Jahre 1992, vormittags zwischen halb und dreiviertel 9 Uhr zu machen gedenke, werde ich mich beim Sultannachfolger als 110jähriger Mann vorstellen. Mit den Vorbereitungen der Empfangsfeierlichkeiten soll schon in der kommenden Woche begonnen werden.
Etwas von meinen körperlichen Eigenschaften zu schreiben, ist am Platze: Mein Körpergewicht ist unwichtig, meine Größe länglich, mein Gang beweglich, mein Charakter charakteristisch, meine Haltung lächerlich und mein Hemd farbig. Ich lebe von der Unsinnfabrikation, wie die meisten meiner Mitmenschen – Reichstagsabgeordneter gedenke ich bei einem eventuellen Stellungswechsel immer werden zu können.
Ich leide an Platzangst: Ich fürchte die Angst vor Plätzen, zum Beispiel Kostplätzen für eventuelle ledige oder uneheliche Kinder. Meine finanzielle Lage möchte ich nicht gerne schildern; außer vielleicht dem Finanzamt. Da will ich nichts verschweigen und nichts hinzufügen – so wahr mir Gott helfe. Amen!«
Nun sind diese Angaben zwar sehr präzise, aber sie unterrichten den Leser vielleicht doch nicht über das, was er von einem braven Biographen wissen möchte. Darum sei hier noch einiges hinzugefügt, zunächst über »das Ehepaar«. Valentin war der Sohn biederer Eheleute. Sein Vater, ein Möbeltransporteur, war gebürtiger Hesse, fühlte sich aber in München zuhause.
Manchmal trank Großvater über seinen Durst, und so geschah es, daß er einmal das Isarbergl hinunterkugelte. Die Goldstükkeln, die »der Fey« im Westentaschl trug, machten sich selbständig, und brave Auer Bürger, die Großvater gut kannten, brachten der Großmutter Fey die glänzenden goldenen Münzen in die Wohnung – mit der Ankündigung, daß »da Mo« bald nachkomme.
Großvater liebte seinen Stammtisch, und wenn er etwas zum

Besten gab – meistens waren es »Stückln«, die sich »da Bua« (der Valentin) so im Laufe der Jahre leistete –, lachte er dazu, daß sein Bäuchlein hüpfte. Großvater war nicht komisch – er war heiter!

Vater Fey hätte eigentlich am Münchner Nockherberg eine Gedenktafel verdient:

Dieser steile, oft unglückbringende Berg, mit der steilen kurvigen Straße zwischen den Stadtteilen Au und Giesing, war ein Auer Schmerzenskind.

Die Stadtväter von München wollten aber von einem Ausbau der Straße nichts wissen. Eines Tages sagte Großvater zu seinem Stammtischspezl, dem Magistratsrat Vierheilig, den er auf seiner Seite wußte: »Weißt was, Vierheilig? Wir müssen uns was einfallen lassen, was die Herren vom Magistrat davon überzeugt, daß unser Nockherberg ein Verkehrshindernis ist.«

Überraschend schnell bot sich die Gelegenheit. Ein Magistratsrat war gestorben. Zum Ostfriedhof führt der Weg, von der Stadt her, über die steile Bergstraße. Am Tag der Beerdigung wollten viele Fiaker und »Magistratsschäsn« den Nockherberg passieren. Das funktionierte aber nicht, denn Großvater hatte Fuhrwerke, Latrinenreiniger mit Dampfpumpen, Brauereiwagen, Möbelwagen, Langholzfuhrwerke, Kohlenfuhrwerke und Dienstmänner mit Zweiradkarren requiriert. Sie alle befuhren ab zwei Uhr nachmittags den Nockherberg. Rauf und runter. Um halb drei fuhren bereits die ersten Trauergäste an, kamen aber nicht recht vom Fleck. Alles drängte und schob sich ineinander. Man hörte »hü« und »hott«, und die Peitschen knallten. Die Beerdigung sollte um drei Uhr stattfinden. Es war bereits halb fünf, als sich endlich der Knoten löste. Nach dem Begräbnis sprach die ganze Stadt weit mehr vom Nockherberg als von dem Heimgegangenen. Großvater hatte es geschafft.

Man besprach sich im Stadtrat, und einige Jahre später – denn so schnell geht's auch wieder nicht! – wurde der Nockherberg umgebaut. Und so ist er heute noch. Dank der pfiffigen Idee des Valentin Fey.

Stimmt schon! Großvater hieß auch Valentin, aber nur mit dem Vornamen.

Am 7. Oktober 1902 fiel ihm die Zigarre aus dem Mund – Großmutter wollte behilflich sein und sagte:
»Bleib sitzn, Baba, ich heb se dir auf!« Und sie tat es auch. Aber »Baba« brauchte sie nicht mehr. Er war tot.
Großvater wäre neunundsechzig Jahre alt geworden. Ich habe ihn nicht mehr erlebt.

An Großmutter kann ich mich noch gut erinnern. Sie lebte mit uns und starb, als ich etwas über zwölf Jahre alt war.
Großmama war der Typ der braven Bürgersfrau mit Standesbewußtsein. Aber gütig und nicht ohne Humor. Sie war eine geborene Schatte und stammte aus Zittau.
Ihr erstes Kind, ein Mädchen mit Namen Elisabeth, wurde nur drei Monate alt. Nach zweieinhalb Jahren, am 25. Dezember 1873, kam ihr erster Sohn zur Welt. Der Karl. Es wurde ein auffallend ernstes Kind. Singen und Turnen waren ihm verhaßte Schulfächer. Sein ganzes Interesse galt dem Zeichnen. Er zeichnete nur Schlachten, und diese ganz klein und lebendig. Er starb mit acht Jahren (am 24. November 1882) an Diphtherie. Der zweite Sohn hieß Max. Er kam am 21. August 1876 zur Welt und starb auch an Diphtherie – am 27. Oktober 1882. Max war ein fideles Bürscherl, das mit seinen Kasperlspielen die Kleinen wie die Großen erheiterte. Er führte »selbstgebastelte« Zwiegespräche mit großer Zungenfertigkeit. Valentin war viereinhalb Monate alt, als man seine beiden Brüder zu Grabe trug.
Großmutter wollte sich das Leben nehmen, nur der Gedanke an den kleinen Valentin hielt sie davon ab.
Der Kleinste erkrankte mit einem Jahr auch an Diphtherie. Die Worte des Arztes waren, so erzählte Großmutter:
»Das müssen wir einem Höheren überlassen!« Als der Doktor am nächsten Tag nachsah, saß das Kind spielend im Bett.
Die Eltern konnten, bei aller Glückseligkeit, ein gewisses Gefühl der Peinlichkeit dem Arzt gegenüber nicht unterdrücken. »War die Frau Meier da?« fragte der Hausarzt und brauchte die Antwort gar nicht mehr abzuwarten. Mit einem spitzen »Tja« verließ er das Krankenzimmer und verabschiedete sich knapper als gewöhnlich.
Ein altes Weiberl in der Au hatte ein Kräutersäftlein, das angeb-

lich Wunder wirkte. Ob Wunder oder nicht: der Letztgeborene, der kleine Valentin, blieb am Leben!

2

Daß der Kleine nun wie ein rohes Ei behandelt wurde, ist verständlich. Dazu kam, daß er wirklich ein sehr zartes Knäblein war, mit dem man ohnedies behutsam umgehen mußte. Man erfüllte dem Buben alle Wünsche, noch ehe er sie andeutete. Man las sie ihm sozusagen von seinen blauen Augen ab.

Die Eltern hatte sich Valentin sehr geschickt ausgesucht: die Mutter zierlich und wahrscheinlich auch ein bißchen willensschwach – der Vater voll echten Humors.

Und so hatte Papa eine schöne und »zünftige« Kindheit! Nicht ganz so zünftig war das mitunter für Vater und Mutter Fey, wenn die Eltern von Valentins Freunden aus der Nachbarschaft angeschnauft kamen und wutschnaubend den »rothaarat'n Fey-Bazi« verlangten und ihm seine Ohrwaschln ausreißen wollten. Oft nur sehr schwer verstand Großmutter die Auer Kraftausdrücke, die ihr in drastischer Mundart zu Gehör kamen.

»Nee, ach God, nee! Du Lausebengel!« jammerte sie, »nu' griechste aber doch mal Hiebe!«

Valentin beunruhigte das in keiner Weise. Er kannte ja seine gutmütige Mutter. Und außerdem war er furchtbar flink.

Mit vier Jahren kam Valentin in den Kindergarten Ecke Lilien-/Ohlmüllerstraße zu Fräulein Lammert. Hier spreizte er bereits seine »rot'n Federn«:

Ein Maifest wurde geprobt, das am Chinesischen Turm abgehalten wurde. Zehn Kinder durften musizieren. Valentin griff in heller Begeisterung nach einer kleinen glänzenden Messingtschinelle, wie man das Becken in Bayern nennt. Und als er als Solist an der Reihe war – streikte er.

»Moanas, ich hätt' mög'n? Net ums Verrecka!« So erzählt er in seinem Büchlein »Der Knabe Karl«.

1888 kam Karl Valentin in die Schule an der Klenzestraße zur Lehrerin Angela Ferg.
Vier Volksschuljahre brachte er mehr schlecht als recht hinter sich. In »Der Knabe Karl« heißt es:
»In der fünften Volksschulklasse hatte ich im Religionsunterricht folgenden Vers zu lesen: ›... und als Maria den Gruß hörte, hüpfte ihr das Kind im Leibe.‹ Ich las den Text bis zu dieser Stelle. Hier hörte ich die andern Buben kichern. Mir war auch darnach zumute, wagte es aber nicht. Offen gestanden, ich genierte mich auch weiterzulesen, vonwegen ›dem Kind im Leibe‹. Dies durchschaute mit eiskaltem Blick unser Lehrer und ›bat‹ mich sofort heraus. Er schlug mich derart, daß ich wie gelähmt in meine Schulbank fiel. Unser Religionslehrer stand am Pult als Zuschauer. Anscheinend fand er die Strafe gerechtfertigt. Beide, der Lehrer und der fromme Mann, vergaßen dabei nur eines – daß ich ein Kind von zehn Jahren war. Ein Schulkollege mußte mich heimführen.
Diese beiden Herren hatten großes Glück, daß es meiner Mutter gelang, meinen Vater zurückzuhalten. – Damit hatte sie bestimmt ein großes Unglück verhindert.«
Papa empfand die Schule in jedem Falle als etwas Störendes. Erträglich war sie ihm nur, weil es auch Pausen gab.
Ab 1892 besuchte er die Schule in der Herrenstraße, nahe dem Hofbräuhaus. In einer späteren Aufzeichnung heißt es dann: »1895 Eintritt in die Privat-Bürgerschule Dr. Ustrich, Münzstraße 4.« Am 4. März 1897 begann er die Schreinerlehre bei Meister Johann Hallhuber. Die Werkstatt befand sich in Haidhausen in der Weißenburger Straße 28. Sein handwerkliches Geschick war Papa zeitlebens von Nutzen. Es waren seine Bühnenrequisiten, die er sich zum größten Teil selbst bastelte – auf Dreh- und Hobelbänken; in seinen letzten Jahren machte er unter anderem Kochlöffel für die Nachbarn, um dafür Zigaretten einzutauschen. Und zu seiner Ablenkung – es war gegen Kriegsende – drechselte er die winzigsten Döserl und Kegel. Millimetergroß! Die Döserl haben sogar Deckel und die Kegel am Boden einen Hohlschliff, der es ermöglicht, die zarten Dinger mit ruhiger Hand zum Stehen zu bringen.

3

Das Jahr 1899 war für Papa von besonderer Bedeutung:
In diesem Jahr machte er seine Gehilfenprüfung und wurde Vereinshumorist, dabei bekam er seinen ersten Lorbeerkranz. Er selbst schreibt dazu: »Denselben habe ich anläßlich einer Vereinsfestlichkeit im Gasthaus Zum scharfen Eck, Schleißheimer Straße, von Herrn Schmidbauer und Fräulein Martikzek erhalten: München 1899 Karl Valentin (Fey).« Leider wissen wir nicht, was Valentin vortrug! 1899 lernte er auch Gisela Royes kennen, die spätere Frau Valentin – unsere Mutter. Geboren ist sie am 22. Januar 1881 in Aufhausen in der Oberpfalz, nahe bei Regensburg. Ihre Kindheit war glücklich; allerdings nur bis zu ihrem zwölften Lebensjahr, als die Mutter starb. Zurück blieb eine jüngere Schwester und ein kleines Brüderl, das meine Mutter heiß und innig liebte. Aber auch das wurde nur elf Jahre alt. Mamas Schwester war um drei Jahre jünger. Der Vater verheiratete sich wieder, aber das Verhältnis zur zweiten Frau blieb sehr kühl. Gisela, die Älteste, zog es vor, mit fünfzehn Jahren von zu Hause wegzugehen. Der Vater, Johann Royes, ein vielbeschäftigter Schlossermeister, arbeitete von früh bis spät in seiner Werkstatt und vergaß darüber, ob die Stiefmutter nicht nur »stief« sondern auch eine Mutter war. Als Gisela fortging, meinte der Vater: »Gisela, du hast zwei gesunde Arme, du kannst arbeiten, bleib' auch in der Fremde ehrlich und anständig!«
Das war alles. Und Gisela ging. Sie durfte keine Schule mehr besuchen und auch keine Lehre beginnen. Es blieb also nur eines: sie kam in Stellung.
Der Schlosservater – so nannte man den Großvater im Ort – wurde 87 Jahre alt. Er war Feldzugsteilnehmer 1870/71 und Gründungsmitglied des Veteranen- und Kriegervereins.
»Dem Royesvater blieb weder Kreuz noch Leid erspart«, begann der Geistliche seine Grabrede, »verlor er doch 1893 seine erste Gattin, und von seinen sechs Kindern mußte er vieren ins Grab sehen...«
Im Jahre 1899 kam Gisela als Köchin zu Papas Eltern und lernte hier ihren Zukünftigen kennen. Ihr erster Eindruck vom Sohn

des Hauses war nicht besonders günstig. Er war zu fesch, in Kleidung und Manieren!
Papa war eben ein »Auer«. Das wollte und konnte er auch nie verleugnen. Daß er die Hände in der Hosentasche ließ, wenn er mit ihr sprach, störte Gisela. Und daß er auf zwei Fingern in ihr Kämmerlein hinaufpfiff, das störte sie noch mehr! Mama war eben ein Kind vom Lande, wo man sich etwas schüchterner gab.
Dem Valentin wiederum verschlug es die Rede, als er »das saubere Madl« mit den funkelnden Augen und roten Wangen zum erstenmal erblickte.
»Muatta, de b'halt'n ma! De geb'n ma nimma her! Mei – is de sauber!«
Papa war damals siebzehn Jahre alt und Mama ein paar Monate über achtzehn. Obwohl ihr Valentin ziemlich sommersprossig war und seine Haare rötlich schillerten, konnte sie seinem Auer Charme nicht widerstehen. Er wurde ihre erste und einzige Liebe.
Gisela fühlte sich recht wohl im Hause der Familie Fey in der Entenbachstraße und war Valentins Braut geworden.
Eines Tages erging folgender Appell an sie:
»Gisela, am Samstagnachmittag kimmst, gell!« So lautete die schmucklose, aber herzlich gemeinte Einladung, die mit Freuden angenommen wurde.
Der Samstag kam. Und Gisela kam auch. Sie läutete, mußte aber heute etwas länger warten als gewöhnlich. Endlich öffnete der Bräutigam und führte Gisela, seine Braut, ins Gute Zimmer. Und er redete und redete –
Es lag etwas in der Luft. Allerdings nur in der Küchenluft – da wartete nämlich die Wally. Auch ein schönes Kind von achtzehn Jahren. Sie lauerte auf den Augenblick, wo sie ungesehen entfleuchen konnte. Und das klappte.
Valentin, der Don Juan, führte derweil gewandte Auer Konversation mit seiner geliebten Gisela. Auf dem Sofa lag ein Muff. Valentin hielt ihn für das Eigentum seiner Mutter. Er sah aber auch die Handschuhe seines Gspuserls, der Wally. Dieses Corpus delicti verbarg er blitzschnell in dem Muff.
Aber die Gisela griff nach ihm (es war also nicht Mutters Muff, sondern ihrer), nahm ihn an sich, und statt des gesuchten Taschentuchs zog sie ein Paar fremde Handschuhe heraus.

»Ja, wie kommen denn die Handschuh' in mein' Muff? Aha! Die Wally! –« Valentin wollte gerade seine Unschuld beteuern, kam aber nicht zu Wort.
»Jetzt weiß ich auch, warum ich heut' so lang warten hab' müssen vor der Haustür!« Und die Tränen flossen. »Bazi, schlechter!«
So schlecht war der »Bazi« auch wieder nicht! Vor allem, und darauf kommt es ja an, er liebte seine Braut, sonst hätte ihn sein Freund Franzl nicht so aus der Ruhe bringen können – wegen der Handschuhe. Diesmal geht es allerdings um *andere* Handschuhe. Um eine *andere* Tragödie. Und das war so:
Gisela trug ihre Handschuhe in der Hand, und der Franzl angelte sich davon einen Finger und zog – so war es wohl gemeint – Papas Braut etwas zu sich heran. Valentin beobachtete dieses Spiel. Plötzlich zog er blank! Er holte sein Stilett aus der Tasche und schnitt den Handschuhfinger kurzerhand ab.
»Eifersucht ist eine Leidenschaft, die mit Eifer sucht, was Leiden schafft!« Und wenn's nur ein Handschuhfinger ist.
Wer liebt, muß leiden, heißt es. Und Valentin konnte lieben, und im Überschwang des Gefühls für seine Gisela wurde Papa als Zwanzigjähriger zum Lyriker: Er dichtete! (Der Briefbogen ist mit Vergißmeinnicht umrankt!)

»Erinnerung an die Erste Liebe

Hier! Du mein liebend Herzlein,
Nimm mein Bild, bewahr es auf!
Denn die Stunden sind gezählet,
Wo unsre Lieb' muß hören auf!
Doch zwei gute, edle Freunde
Bleiben wir, wenn Du es willst.
Wenn Dich auch mit wahrem Kosen
Andres Liebesherz umhüllt.
Wenn Du Deine Blicke so
Auf die Vergangenheiten lenkst,
Glaub ich, daß in schwersten Zeiten
Du auch meiner noch gedenkst!
Denn die erste Liebe wird doch,

Sprichwörtlich ist's ja bekannt,
Als die beste ja gezeichnet,
Als die glücklichste genannt!
Wenn wir traumverloren saßen,
So auf laubumschlungner Bank
Und an Deinen süßen Lippen
Ich den Weg zur Liebe fand!
Und Du sahst mir in die Augen,
Sprachst dabei: ›Ich liebe Dich!‹
O dieses Wörtlein bleibt bewahret
In meinem Herzen ewiglich.
Und sollten wir mal scheiden müssen
Und brechen unsere Liebelei,
So ist mein Größtes Glück auf Erden
Und meine Lebenslust vorbei.

Gedichtet und Dir gewidmet von
Deinem Dich liebenden Valentin.

(Ich heiße von jetzt an und für immer:
Karl Valentin – Münchner Original-Humorist)
München, den 5. August 1902.«

Die Jahre vergingen, und plötzlich war »da Valentin« der Meinung: »Woaßt was, Gisela – jetzt heirat'n ma!«
Das geschah dann am 31. Juli 1911 zu München im Lehel, in der St.-Anna-Kirche, Montagvormittag um 10 Uhr.
Gisela Royes wurde also nicht – wie es zu Anfang aussah – die Frau des Schreiners Valentin Ludwig Fey, sie wurde eine Frau Valentin.
Von Papas Schreinerlaufbahn ist abschließend noch zu sagen, daß er im Jahre 1900 zu Meister Röder in die Arcisstraße 70 kam und 1901 noch ein Jahr bei seinem Lehrmeister Hallhuber zubrachte.
Daß Lehrjahre keine Herrenjahre sind, weiß jeder. Das fühlte der Schüler wie der Lehrbub Valentin, und nur die Gaudi, die sogenannten »Jugendstreiche« halfen ihm, die schweren Zeiten durchzustehen.

Die Zeit verging, nur die Sorgen nicht. Sie wurden größer und waren von ganz anderer Art.
1902, am 22. Mai, bezog Papa noch einmal eine Schule – eine Varietéschule! Seine Lehrer waren der Komiker Hermann Strebel und der Kapellmeister Otto Lehmann. Es ist auch noch von einem Herrn Grimm die Rede.

4

Noch in diesem Jahr ging Papa im Oktober als Komiker nach Nürnberg ins Varieté Zeughaus. Wie es ihm da erging, lesen wir in einem Brief, den er am 5. Oktober 1902 nach Hause schrieb:

»Liebe Eltern! Mir geht es sehr gut. Ich bin unberufen sehr gesund und habe mir den ersten Abend Asthma geholt. Ein Zimmer habe ich, da ist unser Knechtzimmer ein Salon dagegen. – Das Programm besteht aus 8 Damen (keine Angst haben) und aus mir. –
Jetzt die Hauptsache – Herr Direktor hat nämlich aus unbekannten Kreisen erfahren, daß ich Anfänger bin, und wollte mich absolut nicht auftreten lassen.
Was thun, ich sagte sogleich, daß ich 7 Monate freilag, und er möchte mich wenigstens um Kost und Logis hier singen lassen. Das wäre aber nicht das Schlimmste, was er beanstandet hätte. Wie Ihr wisset, ist doch Strebel einen Monat in Nürnberg engagiert gewesen und hat in dem Lokal, welches 1 Minute vom Zeughaus entfernt ist, mein ganzes Repertoir wortwörtlich abgeleiert und ich wollte Neues bringen. Trotzdem habe ich allabendlich schönen Ablaus (Applaus!), wo in Nürnberg die Leute geradezu ekelhaft verwöhnt sind. Herr Direktor sagte gestern zu mir: ›Herr Valentin, es darf Ihnen nicht beleidigen, aber das kann ich Ihnen sagen, einen so kaltblütigen frechen Kerl habe ich noch nicht auf meiner Bühne stehen sehen, und das freut mich,

und bleiben Sie nur diesen Monat da, ich werde Ihnen den Contrakt nach München machen!‹ Dann ist es doppelt schwer, nur unter Damen aufzutreten, da das ganze Publikum nur aus Offizieren und Studenten besteht. Komiker ist da Nebensache. Das Hauptgeschäft geht natürlich erst nach der Vorstellung im obern Saale im Caffe. – Gleich am ersten Abend wurde ich schon eingeladen von ein paar Herren. Champagner, Wein, Tee, Kakao, Schokolade, Zigarren, Zigaretten bekomme ich in Hülle und Fülle. Zu lernen habe ich genug. Bis 15. muß ich 8 neue Schlager können. Heimweh habe ich noch keine Sekunde bekommen. Im Gegenteil, gibt es was Schöneres als die Welt, wenn man gesund ist? Ich wollte, ich hätte gleich wieder Anschluß. Tagesprogramm:
10 Uhr aufgestanden, bis 12 Uhr gelernt, dann Mittag (Essen sehr gut). Dann ins Kaffeehaus bis 3 Uhr zum Ratschen, dann Automat (frische Würste mit Kraut à Port. 10 Pf.), dann Spazieren oder sonst etwas Nützliches. 8 Uhr Vorstellung bis 11 Uhr. Dann Abend-Essen (2 Gänge und 2 Glas Bier). Dann Unterhaltung in unserm Kaffeehaus. Eintreffen der ›Wurzen‹.* Da kann man aber die Dummheit der Männer kennenlernen. Gestern kam so ein junger Leutnant in Zivil, der wurde aber total ausgesogen. Die Zeche, die der Aff zahlen mußte, belief sich auf 80 M. Und so liefern die ›Damen‹ alle Tag einen Andern und der Direktor schöpft den Rahm ab.
Alles Nähere: Die Tages-Plakate.
Schreibt mir bald, aber ja *keine* Karte sondern Brief. Wie geht es Euch? Hoffentlich gut. – Das Couplet ›Der russische Salat‹ gefällt *nicht im geringsten*. Ich habe es nur einmal gesungen. – ›Verrückt – verdreht‹, welches ich gut gelernt habe, kann ich ebenfalls nicht machen, da das in Nürnberg schon jeder Schusterbub kann. Ich mußte bei der ersten Vorstellung gleich ›Verhunst ist die Kunst‹ machen, wo ich das noch nie vorgetragen habe. Und gegangen ist es. (Jeden Abend muß ich 2 × auftreten.) Mittwochs 4 × (Damenkränzchen). Und Sonntags 6 ×, das ist aber gerade genug.

* Gemeint sind Damen

Gruß an Alle.
Seid gegrüßt aus weiter Ferne.
Seid gegrüßt auf Wiedersehn!

Valentin

(Ich habe in 8 Tagen so eine Bühnen-Rudine (Routine!), daß ich in jedes größere Theater gehen kann und 300 M. pro Monat verdiene. Diesen Monat muß ich halt noch dreingeben.)
Bitte um vollständige *Diskretion.*
Nachtrag: Vor der Samstag-Abend-Vorstellung habe ich den Brief geschrieben und muß noch einen Zettel beilegen, da ich heute Abend den größten Applaus gehabt habe von allen Nummern. Ich machte 3 Nummern und mußte 6 mal vor den Vorhang, mit Füßen haben sie gestampft und geschrien. Der Applaus dauerte fast nahezu 1 halbe Minute. Das ganze Theater war gesteckt voll bis auf den letzten Platz. Morgen wirds wieder flau werden.«

Zwei Tage später, am 7. Oktober, schreibt Valentin folgende Karte:

»Nürnberg, den 7. Dienstag 1902

Liebe Gisela!
Ich sitze hier am Bahnhof, denke Dir nur, ich habe vor der Vorstellung von zuhause ein Telegramm erhalten:

Vater schwer krank sofort kommen.

Du kannst Dir denken in welcher Lage ich bin. Um 1/2 4 geht der Zug und Mittwoch 7.59 bin ich wieder in München. Ob mein Vater mich noch einmal sehen wird? – Ich mußte am Abend mit gebrochenem Herzen noch auf der Bühne singen.
Alles Nähere wirst Du schon erfahren

Dein Valentin.«

Valentin kam zu spät; am gleichen Tag starb sein Vater. Valentin mußte seine kaum begonnene Laufbahn beenden, um in München das elterliche Geschäft zu übernehmen.

5

Trotzdem hatte er den Gedanken an eine Bühnenlaufbahn nicht aufgegeben. Er bastelte eine »Musikmaschine«, soweit das seine Zeit erlaubte.
1906 verkauft Großmutter die Firma Falk & Fey und bald darauf auch das Anwesen. Es verbleiben ihnen 6000 Mark, die Valentin der Mutter überläßt.
Beide ziehen nun in Großmutters Heimat, nach Zittau in Sachsen, wo Papa seinen Musikapparat zu Ende baut. Er spielte etwa zwanzig Instrumente darauf, die er alle selbst bediente, mit dem Mund, mit den Händen, mit den Ellenbogen, mit den Knien. Die Beherrschung dieses Universalinstrumentes verlangte nicht nur musikalisches Talent, sondern auch große Geschicklichkeit und strengte ihn außerdem körperlich sehr an.
Daß Papa 1905 »Papa« wurde, verdient erwähnt zu werden. Meine Schwester Gisela kam zwar etwas früher, als es damals üblich war, wurde aber deswegen nicht weniger geliebt, obgleich sie bei den Eltern unserer Mutter aufwuchs und auch dort geblieben ist.
1907 ging Papa unter dem Pseudonym Charles Fey, genannt ›das lebende Orchestrion‹, auf Tournee. Sie begann in Leipzig, führte dann vom 17. bis 21. Februar in das Hofjägertheater in Bernburg und vom 16. bis 17. März in das Varieté Walhalla in Halle an der Saale. Sein Vertrag lautete allerdings vom 16. bis 24. März; aber nach dem ersten Abend wurde ihm schon gekündigt. Der Mutter von seinen Nöten zu schreiben, wagte er nicht, da sie ihm von den 6000 Mark fast die Hälfte für sein »Instrument« geopfert hatte. Drei Tage suchte er in Halle nach einem neuen Engagement. Endlich landete er in der Singspielhalle Bratwurstglöckerl. Er hatte sofort Erfolg und konnte dort vier Monate bleiben, bei einer täglichen Gage von fünf Mark, Kost und Logis frei. Papa ging nun nach Berlin in das Passagetheater des Wintergartens. Man ließ ihn auch hier nur einen Abend auftreten. Mit 20 Mark in der Tasche durchstreifte er vierzehn Tage lang Berlin, ohne Arbeit. Sechs Zentner wog der Apparat, der beim Publikum keinen Anklang finden konnte.

Enttäuscht und arm wie eine Kirchenmaus kam er nach München zurück. Aber ohne den Apparat. Er konnte die Speditionskosten nicht bezahlen. Die Mutter in Sachsen, in München kein Zuhause, finanziell abgebrannt und das Instrument, in das er so viel Geld und Zeit investiert hatte, in Berlin. Wie ein Handwerksbursch wohnte er für 30 Pfennig Übernachtung in der Gastwirtschaft Stubenvoll. Abends spielte er in einer Weinstube Zither und bezog dafür 50 Pfennig und etwas Essen. Zusätzlich fertigte er noch Palmen aus Papier an, wurde aber auch damit nicht reich. Ein gewisser Herr Eberl – Weinwirt vom Esterhazy-Keller im Färbergraben – löste den Apparat in Berlin für ihn aus und stellte ihn in seiner Weinstube auf. Valentin versuchte es mit neuem Mut, der Erfolg blieb wiederum aus. Nun gingen ihm die Nerven durch: nach einem Streit mit einem Wirt holte er die Axt und zertrümmerte sein Orchestrion. Er logierte damals in der Tegernseer Straße. Da er die Miete nicht bezahlen konnte, wurde ihm gekündigt. Sein nächstes Quartier war eine Schlafstelle beim Stiefelwirt, für zwei Mark pro Woche. Aber selbst die brachte er schließlich nicht mehr auf.

6

Heimlich verließ er wieder einmal seine Heimatstadt und fuhr zur Mutter nach Zittau.
Franzl Erlacher, Buchdruckereibesitzer und Salonhumorist, versetzte für den Freund Valentin seine Uhr, um ihm das Reisegeld vorstrecken zu können. Groß war die Wiedersehensfreude bei Mutter und Sohn – groß war aber auch die Not der beiden. Um die Mutter finanziell nicht zu belasten, kehrte Valentin schon nach vierzehn Tagen wieder nach München zurück.
Seinem Retter in der Not, dem Erlacher Franzl, setzte er in seinem Stück »Der Firmling« ein Denkmal:
»... kommt da Erlacher Franze zu mir, a alter Spezi, ein Kriegskamerad von mir, mir san anno siebzig mitanand z'Deisenhofen

g'stand'n. Mann an Mann, Brust an Brust, direkt am Isarufer, wo's so feucht war. Der hat es erfahrn, daß i an Kommunionanzug kauf'n will. Des g'freut mi, Franzl, hab' i g'sagt, sag i, aber es is' net g'sagt, daß des, wo dein' Hundsbuam paßt, mein' Knaben auch paßt – kurzer Rede langer Sinn, da Erlacher Franzl bringt den Anzug, da Pepperl ziagt'n o und – paßt hat er!«
Mit dem Erlacher Franzl bereiste Valentin in den Jahren 1907 bis 1908 Landshut, Ingolstadt, Landsberg a. L. und Deggendorf. Der Verdienst, der bei den »Gastspielen« herauskam, lag bei 10 bis 15 Mark.
In der Zwischenzeit lernte Papa Ludwig Greiner kennen. Wie das zustande kam, erzählt uns am besten Frau Greiner in unverfälschtem Giesinger Jargon:
»Mei Mo und i, mia ham a Wirtschaft ghabt am Oberanger, ›Gasthaus zum Feuerhaus‹ hats ghoaßn. Da hat a Jugendspezl vo mein Mo, der Riedl Franzl – des war der Wirtssohn vom Stubenvoll am Unteranger – zuawigschaugt und se erkundigt, ob mia koa möblierts Zimmer net wissatn. Er brauchert oans für sein Freund. Der schlaffat zur Zeit no beim Stiefe-Wirt in der Sendlinger Straß. Und wia mia grad so ratschen und hin und her überlegn, geht de Tür auf und a Mo kimmt rei, mit an Weana Stössa am Kopf, an Schirm am Arm und mit a groß'n Ledermappn. Wia der Spezl vo mein Mo denselln siehgt, ruaft er eahm zua: ›Ja, Vale, woaus denn?‹ Der ander drauf: ›Dei Bruader, der Wastl, hat gsagt, du bisd da rüberganga wega a Loschie für mi!‹ ›Hast a Massl ghabt!‹ fallt eahm der Riedl Franzl ins Wort. ›Der Greiner Wigge da und sei Frau, de ham oans!‹
I hab drauf an Valentin gfragt, ob er's oschaugn mecht, weil indem er leider bedauerlicherweise durch unser Schlafzimmer geh muaß. Ob eahm des net störat. Er hat gmoant: ›Mi net, bal es Ihnen nicht stört?‹ ›Uns aa net!‹ hab i erwidert. Na ja, mia san dann in d'Wohnung naufganga. Des Zimmer hat eahm glei gfalln, und er hat wissen wolln, wann er eiziahgn ko. I hab gsagt: ›Meinetwegn heut no!‹ Des war eahm ganz recht.
Wia ma wieder nunterkemma san in d'Wirtsstubn, hat mei Mo grad Klavier gschpuit. Des hat er kenna! Der Valentin hat highorcht und gmoant: ›Kenna Sie Komiker aa begleiten?‹ Mei Mo hat zur Antwort gebn: ›Freili, freili kann i des!‹ ›Prima!‹

hat der Valentin weitergredt, ›dann kenna Sie mich ja begleiten zu meine Klapphornvers!‹ Und die Freundschaft zwischen dene zwoa war beschlossen.«

Frau Greiner hatte recht: Sie blieben Freunde. Es waren keine Stammtischfreunde. Ihre Freundschaft beruhte auf ihrem gemeinsamen künstlerischen Schaffen.

Michael Schulte schreibt in seinem Karl-Valentin-Buch bei Rowohlt:

»Noch in den späten dreißiger Jahren war er (Ludwig Greiner) Valentins hilfreicher Freund. Ein zwar unausgebildetes, aber immerhin bemerkenswertes Zeichentalent befähigte ihn, Bühnenbilder für Valentin zu entwerfen, die Ideen für das Panoptikum in kleinen Aquarellen festzuhalten und die Jugendstreiche zu illustrieren.«

Valentin notierte:

»Auf vieles Anraten meiner Freunde und Bekannten habe ich mich entschlossen, meine, mir noch in Erinnerung gebliebenen Erlebnisse aus meiner Jugend-, Jünglings- und Manneszeit in einem Buche herauszugeben. Um das nicht nur zu letterissieren, hat mir mein Freund – Ludwig Greiner – kleine Bilder dazu gezeichnet, die ich ihm selbst diktierte.«

Einmal schilderte Papa seinem »Wigge« ein altes Weiberl mit einem Holzbein, einer Warze im Gesicht und einem Mittelscheitel. Wigge hörte aufmerksam zu, und gleichzeitig entstand auf einem Papierfetz'n »Minna Hupf« wie sie leibte und lebte, ein stadtbekanntes, aber auch gefürchtetes Münchner Original, das sich ausschließlich von den Abfällen des Viktualienmarktes ernährte und sich deshalb häufig auch dort »produzierte«.

Papa nickte zustimmend und sagte: »Wigge! Genauso hat's ausg'schaut!« –

Hannes König schrieb über L. Greiner:

»Der wählerische Valentin fand keinen besseren für seine Plakate. Unvergeßlich sind die Raubrittervisagen auf der Stadtmauer: mordgierige, aber leicht von der rauhen Luft Oberbayerns tränende Augen glotzen aus verbeulten Eisentöpfen; überlange, schnupfenfeuchte Zinken ragen aus hasenstallartigen Helmen. Furchterregende Keulen, denen man es auch im Schwarzweißdruck ansieht, daß sie rostig sind, werden von gichtgeschwächten

Fingern umkrampft – kurz und gut – ›ja so warn's‹ die Greiner-Wiggerl-Plakate.«

Ludwig Greiner war auch ein Original!
Er kam am 6. Oktober 1880 am Glockenbach zur Welt, als Sohn der Gastwirtseheleute Johann und Katharina Greiner. Als Bub von sechs Jahren spielte er schon Klavier und unterhielt so die Gäste in der elterlichen Wirtschaft. Er wurde Metzger und später Weinküfer, wie das seine Eltern von ihm erwarteten. Seine Liebe aber galt der »Gaudi«, der Musi und der Malerei – und nicht zuletzt seiner Therese, einem waschechten Münchner Kindl, das er 1907 heiratete.

»Greiners größtes Verdienst bleibt, daß er Valentin anregte, Couplets zu verfassen, die humoristisch auf die spindeldürre Figur ihres Verfassers zielen sollten«, schreibt Valentins Biograph. »Du bist doch nia a Salonhumorist! Mit dein'n magern G'stell kannst du nur einen Karikaturkomiker machen«, meinte der Wigge.
Papa sah das ein und richtete sich danach. Er schrieb sich sofort den Solovortrag »Ich bin ein armer magerer Mann«, in dem es heißt:
»Einmal bin ich in einem Kaffeehaus an einem Billard dortgelehnt und weil ich so mager bin und weil ich am Billard dortg'lehnt bin, jetzt hat einer glaubt, ich bin der Billardmager.
Aber die größte Gaudi war das, wie ich zur Musterung gehen hab' müss'n: Also ham die da drob'n eine Gaudi g'habt, wie's mich g'sehn hab'n. Ich hab doch, wenn ich so auszog'n bin, so Ripp'n da rüber – quer rüber – mich hat halt früher meine Mutter zum Meerrettichreib'n hergenommen. Kurz und gut, wie die mich g'sehn hab'n, hab'ns g'sagt: ›Ja Kerl, Sie kommen ja daher wie a Bahnwärterhäusl aus Wellblech!‹«
Um seine Magerkeit noch zu unterstreichen, legte auch Frau Greiner Hand an: »Mia ham an ungebrauchten Athletentrikot g'habt, den hab' i enger gmacht an die Füaß und hab auf jeder Seit'n 16 Drücker hing'naht.«
Ludwig Greiner war es, der ihn überredete, in der Gastwirtschaft zum Baderwirt bei der Komikergesellschaft W. Fritz als sogenannter »Nachstandler« – Auftritt nach Beendigung des offiziellen Programms – zu arbeiten. Papa trug die Geschichte vom Aquarium vor und blies außerdem auf einem alten Fagott die Klapphornverse. Der Erfolg war unerwartet groß.
Davon hörte auch der Besitzer vom Frankfurter Hof in der Schillerstraße. Herr Durner schrieb sofort an den *neuen* Komiker, gen. Karl Valentin, eine Postkarte, auf der er ihm versicherte, er könne – ab sofort – bei ihm auftreten. Das hätte ein Lichtblick sein können; aber leider hatte Herr Durner falsch adressiert: Die Karte lag unbeachtet in der Gaststätte Zum Feuerhaus. Sechs Wochen lang. Als sie endlich doch entdeckt wurde und Papa sich im Frankfurter Hof vorstellte, meinte Herr Durner: »I hab' scho gmoant, Sie mög'n net!«

Das Engagement kam schließlich doch zustande.
Papa genoß im Gasthaus Zum Feuerhaus, das den Greiners gehörte, unbeschränkten Kredit. Von einer Gastspielreise schrieb er ihnen eine Karte:
»Die besten Grüße von meinem Gastspiel sendet Euch Euer dankbarer Zimmerherr, Karl Valentin.«
An einem Aschermittwoch bat der Wigge den Valentin, er möge ihm doch in seiner Gastwirtschaft mit dem Abnehmen der Faschingsgirlanden behilflich sein, die richtige Länge dafür habe er ja.
»Des wer'n ma gleich ham!« sagte Valentin und zündete die Dekoration an, daß sie lichterloh brannte. Nun rief er aus Leibeskräften: »Feuer! Feuer!« Drei Feuerwehrleute saßen gerade beim Mittagsmahl, das sie jäh unterbrechen mußten. Sie walteten ihres Amtes. Die Wirtin goß mit dem Schampuskübel Wasser über Tische und Stühle um zu retten, was zu retten war.
Als der Brand kein Brand mehr war, meinte Valentin voller Einsicht: »Des hätt' dumm nausgeh'n kenna, wenn ma d'Feuerwehrleut erst hol'n hätt'n müss'n!«
Wieder einmal saß Papa mit seiner Zither in Greiners Gaststätte und beobachtete, wie ein vor Nässe triefender Mann aus Packpapier ebenfalls eine Zither herausnahm. Der Mann bat die Wirtin, ob er – ein gebürtiger Wiener – hier spielen, singen und sammeln dürfe. Er durfte! Jetzt erst bemerkte der Fremde seinen Nachbarn und dessen Zither. Papa erfaßte sofort die Situation und beruhigte den Mann:
»I spui bloß so zum Vergnügen!« Und der Berufsspieler »zitherte« zwei Stückln lang und sang dazu. Und als er Valentin eingestand, daß er leider nur diese beiden Lieder beherrsche, meinte Papa:
»Nacha fangas' halt wieder von vorn an!« Dankbar für diesen guten Tip wiederholte er sein spärliches Repertoir. Valentin ging an die Schenke, besprach diskret etwas mit seinem Spezl und suchte dann wieder seinen Tisch auf. Da kam auch noch der Wirt persönlich, den Champagnerkübel in der Hand und eine Serviette über dem Arm. Er stellte zwei Gläser hin, der edle Spender Valentin animierte den Musikanten zum Sekt. Es war bereits die dritte Flasche. Mit dem Inhalt der vierten besprengte Papa

unter Lallen den Fußboden. Dem Wiener blieb der Mund offen vor Staunen, man hörte ihn nur noch fünf Worte sagen: »Des muaß a Graf sei'!« Der Spender war kein Graf, und das Getränk war kein Sekt, sondern aufgeschüttelte Limonade mit einem Schuß Weißwein. Zum Schluß verlangte Papa, daß man ihm einen Sammelteller hinstelle und nun griff er selber in die Saiten. Und der Sammelteller drohte überzulaufen. Der Mann aus Wien konnte nur staunen. Daß ihm die Wirtin noch eine Brotzeit und zwei Semmeln spendierte, trieb dem Beschenkten die Tränen in die Augen. Oder sollte es die Limonade gewesen sein? Er verließ gerührt und gesättigt die Gastwirtschaft Zum Feuerhaus.

Damals spielte Papa noch bei kleinen Komikergesellschaften, wie zum Beispiel beim Erlacher Franzl, bei dessen Gastspielen in der Provinz er sonntags zwischen zehn und fünfzehn Mark verdiente. In Deggendorf mußte der Greiner Wiggerl sogar einmal als Klavierspieler aushelfen. Eine Sängerin mit dem treffenden Namen Alwine Hochgesang vervollständigte das winzige Ensemble, das neben der Gage Fahrt, Essen, Trinken und Übernachtung frei hatte. Es durfte auch gesammelt werden. Bei strömendem Regen erreichten sie vormittags neun Uhr Deggendorf. Außer dem Wirt und der Kellnerin war niemand zu sehen. Wigge Greiner interessierte sich begreiflicherweise sofort für den Flügel, den nur *ein* Bein stützte. Das zweite war »a Kist'n« und das dritte »a Schtui«; die Tasten waren nur noch lückenhaft und die Saiten schepperten. Aber es war – ein Flügel! Um 10 Uhr begann der Frühschoppen, zu dem nur einige Gäste erschienen. Valentin trat als letzter auf. Er begleitete sich selbst auf der Zither. Der Erfolg war mäßig. Großherzigerweise bekam jeder der Mitwirkenden »a Paar Dünne und a Halbe« mit der Bemerkung:

»Auf d'Nacht brauchts nimmer spuin – ös seids ja net amoi s'Fressen wert!«

7

Was Papa bei einem Gastspiel in Westerham bei Holzkirchen erlebte, hat er selbst noch aufgeschrieben, hier etwas gekürzt wiedergegeben:

»Der bekannte Varietéhumorist Oskar Huber hatte in Westerham ein Sondergastspiel zu absolvieren. Herr Huber nahm mich mit, falls in dem kleinen Dorf kein Klavierspieler zu haben wäre. Es war, glaube ich, im Gasthof Zur Post. Im Nebenzimmer fand das fünfundzwanzigjährige Geschäftsjubiläum eines Industriellen statt. Außer den Arbeitern der Fabrik waren auch die Bauern eingeladen. Mit Hackelstöcken und in Lederhosen harrten die Festgäste der Dinge, die da kommen sollten.

Beginn 8 Uhr. Wo ist die Bühne oder das Podium für den Varietéhumoristen Oskar Huber, der am andern Abend in Leipzig im ›Kristallpalast‹ aufzutreten hatte? Ich glaube, es war so um das Jahr 1913.

Kommerzienrat X ließ eine Maggikiste auf den Boden stellen – und das Podium war fertig.

›Wo ist der Klavierspieler zum Begleiten meiner Vorträge?‹ fragte der Humorist.

›Jessas, an Klavierspieler brauch'n ma ja aa!‹

Nun ging's ins Dorf hinunter zum Herrn Schullehrer. Er sollte mit Herrn Huber gleich probieren, denn es sei schon bald 8 Uhr.

›Herr Lehrer‹, sagte Herr Huber, ›Sie sollen mich begleiten: Hier sind meine Coupletnoten – die sind ganz einfach geschrieben.‹

›Jaa‹, sagte der Lehrer, ›das glaub ich schon ... aber ich bin ja Wagnerianer!‹

Dieses Gespräch wurde unterbrochen durch das Erscheinen des Kommerzienrates, der aufgeregt erklärte: Eine Probe ist nicht mehr nötig – es fehle ja im Konzertsaal das Klavier.

Achtäugiges Geschau ohne Worte!

›Weiter! Weiter!‹ drängte der Kommerzienrat Herrn Huber, ›dann müssen'S halt ohne Musikbegleitung singen!‹

Nun wurde beratschlagt mit den Gastwirtseheleuten im Gasthaus Zur Post. Die Bemerkung des Stars: ›Ohne Musik spiele ich nicht!‹ brachte den Festspielleiter außer Rand und Band.

Da ergriff ich das Wort: ›Ja, ich könnte Herrn Huber schon begleiten – wenn ich a Zither hätt'!‹

Von drunten hörten wir schon peinliche Worte fliegen, wie: ›Ofanga! Auf geht's! Laßt's 'n außa, an Komika! usw.‹

Endlich, nach fünfzehn Minuten, flog die Türe auf, und der Herr Kommerzienrat erschien mit einem Zitherkasten in der Hand. ›So! Jetzt ham' mas!‹ sagte ich und mußte – zu aller Verzweiflung – feststellen, daß der Kasten zugesperrt war. Wer hat einen kleinen Schlüssel? Der Wirt? die Wirtin? die Köchin? der Humorist? der Herr Kommerzienrat? oder ich?

Aber niemand konnte damit aufwarten – es war zum Verzweifeln! Und drunten pfiffen die Bauern wie die Spatzen auf dem Dach. Was tun…? Da wurde es dem Kommerzienrat zu dumm – er sprengte den Zitherkasten mit seinem Taschenmesser auf und es klappte auch. Nur – eine Kleinigkeit fehlte: die Zither!«

Einmal hatte der Zitherklub »Nix G'naus«, dessen Mitglied Valentin eine Zeitlang war, eine Veranstaltung – ich glaube, es war ein Stiftungsfest – im Theatersaal der ehemaligen Klosterbrauerei im Lehel in der Liebigstraße. Papa trat als Salonhumorist auf. In einem überlangen taubengrauen Gehrock sang er mit Erfolg sein Couplet »Der Königsmord in Serbien« oder »Giron und Luise«. »Nach meinem Soloauftreten«, so erzählte Valentin, »mußte ich auch noch in einer Bauernkomödie mitwirken. Sie hieß: ›Der Bauer vom Land‹. Ich spielte dabei eine recht unappetitliche Rolle: ich war ein Bauer, der mit einem geschwollenen Backen zum Bader kam.

›Jaa mei, Huababauer‹, sagte dieser, ›du hast ja a mords Zahng'schwür – des muaß i dir aufdrucka! Nacha is' a Ruah mit'm Zähntweh.‹

Mit seinen zwei Pratzn drückte er auf dem geschwollenen Backen herum. ›Aah‹, ruf ich. ›So!‹ sagt der Doktor, und mir rann eine glasige, gelbe, mit Blut gemischte Masse aus dem Mund. Fünfzig Prozent der Zuschauer verspürten bei diesem Anblick einen Brechreiz. Die glasige Masse war das Eiweiß eines rohen Hühnereies, das ich zu diesem Zweck mit Schale vor dem Bühnenauftritt in den Mund nehmen mußte. Aber woher kam das Blut? Das kam von mir.

Als mir der Bader das Ei im Munde zerdrückte, verletzte er mich mit der Eischale und brachte mir im Munde eine Schnittwunde bei, die heftig blutete.«
Diese Komödie wurde beim nächsten Stiftungsfest nicht wiederholt.

8

Im Jahre 1908 machte Karl Valentin einen großen Schritt nach vorne: Er ging ins Engagement. Und zwar, wie schon erwähnt, in den Frankfurter Hof Schillerstraße 49, zum »Durner-hierdader«. So nannten ihn scherzhafterweise die Komiker unter sich, denn so meldete er sich am Telefon. Ich darf das wiederholen: »Hier Durner hier dader« – was heißen soll: Hier ist Durner da!
Karl Valentin bringt eine Originalnummer. Er tritt als »Schwerer Reiter« auf (mit Holzpferd). Seine Tagesgage beträgt 5 Mark. Er ist die Sensation in München geworden.
Von hier aus gelang Valentin der Aufstieg, es gelang ihm der Durchbruch, wie man heute den erkennbaren Erfolg eines Künstlers nennt.
Papa hat einiges, was sich im Laufe der Jahre in diesem, zu den damaligen Hochburgen der Münchner Volkssänger und Komiker gehörenden Lokal abgespielt hat, aufgeschrieben.

»Es war einmal ... im Frankfurter Hof, wo ich am Anfang des Programms mitmusizierte: Ein Klavierspieler spielte Klavier, – der Wirt liebte mich ob meines Posaunenblasens und gab mir jeden Abend als Gratifikation zwei gute Zigarren. Zwanzig Pfennig pro Abend ... die taten dem sparsamen Manne weh, er wechselte die Sorte. Das Aroma erinnerte nicht mehr an Tabak – mehr an Seegras! Die Zigarren waren fast unrauchbar.
Einige Monate danach machte ich mir ein Couplet:
Mein Prinzipal der hat mir heut – Hier die Zigarr' spendiert,
Er hat gesagt, die tut dir nichts – Die rauch nur ungeniert;
Und wie ich mit dem Stengel ins – Kaffeehaus kam hinein

Der Knabe Valentin Fey im Alter von zwei bis sieben Jahren

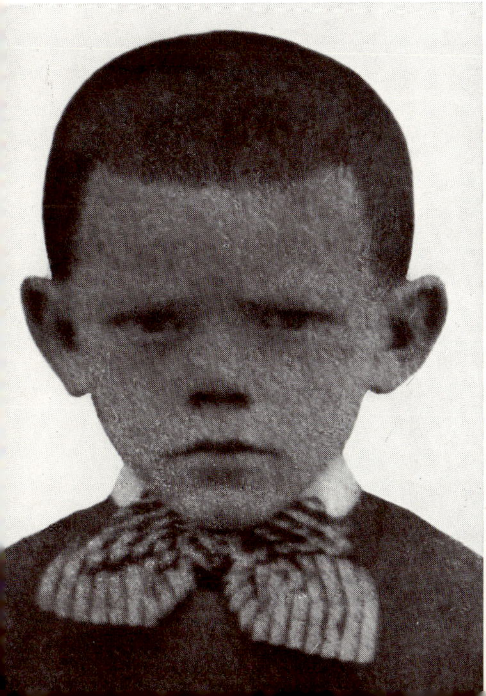

Das Geburtshaus Valentins in der Münchner Vorstadt Au, Entenbachstraße 63 (später Zeppelinstraße 41)

Valentin in seiner Volksschulklasse (oberste Reihe, 3. v. r.)

Als Schreinerlehrling bei Meister Hallhuber

Das Gesellenstück, Möbel für einen Münchner Juwelier

Mit den Eltern um 1900

Hab'n meine Freund' mich ausgelacht – Und fingen an zu schrein:
Refrain:
Karre, Karre, rauch doch nicht diese Zigarre,
Karre, Karre denke dran – Du hast a weiße Hose an!
Chor:
Karre, Karre, rauch doch nicht ... usw.
(Hierauf komischer Tanz)
Ich qualmte wie ein Ofenrohr – Und machte mir nichts draus,
Ich dampfte voller Übermut – Ging dann vergnügt nach Haus,
Da ging die Gaudi wieder los – Als ich nach Hause kam,
Da fing die ganze Familie – Entsetzt zu schreien an:
Refrain:
Karre, Karre ...
Nun wie Sie sehen, bin ich jetzt – Mir scheint, ich werde blaß,
Der Stengel ist mir viel zu stark – Ich merk es ohne Spaß.
Verzeih'n Sie, wenn ich jetzt verduft – Es läßt mir keine Ruh,
Oder – soll ich weiterrauchen – Was sagen Sie dazu???
(Das Publikum singt hierauf den Refrain: Karre, Karre ... usw.)

Dieses Couplet sang ich viele Wochen mit großem Erfolg. Die dicke Zigarre, die ich dabei zu rauchen hatte, mußte ich alle Abend zirka zu einem Viertel verraucht auf der Bühne zertreten. Für diesen Zweck, dachte ich, tuts auch eine ganz billige und das erklärte ich auch einem Zigarrenhändler.
›Jaa ...‹, meinte dieser, ›ich führe ja keinen Schund! Aber ... ich glaub' ich hab' doch etwas für Sie. Ich hab' einmal für den Besitzer vom Frankfurter Hof eine große Schachtel *besonders* schlechte Zigarren besorgen müssen und da hab' ich noch einen Rest. Der Herr Durner braucht's scheinbar nimmer.‹ Er öffnete die Schachtel ... und was war drin? Dieselbe Marke, von der ich alle Abende zwei Stück für mein Posaunenblasen bekam!
Edel sei der Mensch – hilfreich und gut.«

Einmal erwies Karl Valentin der Dame des Hauses, der Frau Direktor Durner, einen großen Gefallen:
»Während des Krieges war das Altmaterial im Preis gestiegen und altes Blei, Zinn, Messing und Kupfer tatsächlich goldeswert. Ich war wieder einmal im Frankfurter Hof engagiert, und da

verriet mir meine Prinzipalin, daß sie im Keller einen alten Waschofen hätten, den sie nicht mehr brauchen. Es handle sich um einen schweren Kupferkessel – 80 cm Durchmesser – massiv Kupfer! Und wenn ich mir die Mühe machen wolle, den Backsteinofen davon wegzureißen, dann sei der Kupferkessel – als Lohn – dafür mein.
Das ließ ich mir nicht zweimal sagen. Schon am andern Morgen um 9 Uhr schufteten zwei Leute an dem gewinnbringenden Ort: der herbeigeholte Schlossermeister Weber und ich. Der Erlös wird selbstverständlich geteilt!
Die Arbeit ging langsam vonstatten. Vor hundert Jahren mauerte man noch massiv. Wir glaubten schon an Beton, als Meißel und Brecheisen bei jedem Hieb funkten. Nach fünfstündiger schwerster Arbeit hatten wir den Kessel freigelegt. So! Nun hatten wir ihn. Leider nicht den Kupferkessel.
Es war nur ein gesprungener Kessel aus Gußeisen! Enttäuscht und schweißtriefend verließen wir das ›Kupferbergwerk‹. Für den Spott hatten wir nicht mehr zu sorgen. Dafür sorgte schon die Chefin!«

Daß die Komiker keine Heiligen waren, geht aus einer Anekdote hervor, die sich so anhört:
»An den Plakatsäulen stand zu lesen:
Alle Sonn- und Feiertage Nachmittag 4 Uhr Komikervorstellung, bei *jedem* Wetter im Frankfurter Hof in der Schillerstraße.
Eine alte Volkssängerklausel im Vertrag lautete allerdings: Wenn bei Sonn- und Feiertags-Nachmittagsvorstellungen die Besucherzahl unter zehn Personen ist, wird nicht gespielt. Was lag da näher, als auszuklügeln, wie man an einem heißen Sonntagnachmittag das Publikum abhalten kann.
Stinkbomben in das Lokal zu werfen, wäre zu radikal gewesen. Uns fiel was Harmloseres, aber was Besseres ein: Wir, die Mitglieder vom Frankfurter Hof, stellten uns an den Eingang der Singspielhalle und wenn jemand auf das Lokal zuging, begannen wir uns laut zu unterhalten – so laut, daß es jeder hörte.
Unser Gespräch: ›Von dir bekomm' ich eine Mark! Wette verloren! Ich hab' dir ja g'sagt, daß bei dem schönen Wetter *keiner* 'reingeht!‹ Der Gast ging nicht mehr zur Kasse – er kehrte um.

Dieses Manöver wiederholten wir bei jedem Ankömmling. Und keiner wollte schließlich *allein* im Lokal sitzen. Als es auf dem Turm der St.-Pauls-Kirche 4 Uhr schlug, da rieben wir uns die Hände: dieses war der erste Streich und der zweite folgt sogleich!
Nur waren beim zweiten Streich nicht *wir* die Akteure, sondern der Herr Direktor!
Herr Durner hatte nämlich von seinem Fenster aus alles mitbekommen! Und er schrieb rasch auf einen weißen Pappdeckel mit schwarzer Farbe:

›Heute Nachmittag – ausnahmsweise – freier Eintritt!
Anfang 5 1/2 Uhr‹

(Das Lokal war gepfropft voll und bei herrlichstem Sonnenschein wurde geklimpert und gesungen und gespielt.)
Das war hart und auch recht peinlich! Aber die Pein verteilte sich auf alle Mitwirkenden.«

Valentin hatte einen Jugendfreund, den Niederreither Ludwig. Der hatte es nie verstehen können, daß Papa das Möbelgeschäft seines Vaters nicht übernommen hatte. Das wäre schließlich ein solider Beruf und was Sicheres gewesen. Fünf Jahre lang hatten die beiden sich nicht mehr gesehen. Valentin war inzwischen ein angesehener Volkssänger geworden.
Die beiden begegneten einander eines Tages, und Papa erzählte dem Freund voller Stolz:
»Jaa ... ich bin im Frankfurter Hof engagiert – pro Tag acht Mark Anfangsgehalt – und außerdem bin ich bei den Gästen sehr beliebt. Ich bekomm' fast jeden Abend fünf Maß Bier auf die Bühne 'raufg'stellt, von den Gästen. Mhm!«
Der Freund rechnete nach: »Acht Mark pro Tag ... nur 35 Minuten Arbeit pro Abend – dazu alle Abend fünf Maß Bier ... mhm«, meinte er etwas ungläubig.
Er selbst war Buchhalter in einer Holzhandlung und verdiente 150 Mark im Monat; zehnstündige Arbeitszeit und keine fünf Maß Bier täglich.
»Ich hab' heut' abend nichts vor ... i komm' in den Frankfurter Hof ... ich bin schon neugierig!«
Und er kam auf einen reservierten Platz am Stammtisch. Papa

hatte vorher alles mit dem Wirt besprochen. Sicher ist sicher, dachte Karl Valentin und bestellte vorsichtshalber die fünf Maß Bier für seinen Auftritt. In seiner Szene als »Schwerer Reiter« wurde er mit stürmischem Applaus empfangen, und schon brachte die Bedienung die fünf Maß Bier. Sie stellte sie ganz vorne an die Rampe des Podiums. Merkwürdig, dachte Papa ... sonst bekam er sie immer *nach* dem Auftritt.

Er schminkte sich ab und verließ die Kellergarderobe. Er war ja so gespannt auf das Urteil seines Jugendfreundes:

»Na ... was sagst jetzt ... hat's dir g'falln? Hab' i z'vui g'sagt...?«

Der Freund: »Naa, naa ... war scho' guat! Aber wer trinkt jetzt eigentlich des viele Bier?«

»Ja mei...«, sagte Valentin, »i nimm mir halt eine Maß und die andern vier schenk ich meine Kollegen.«

Da meinte der Ludwig: »Deine Kollegen kenn' ich ja gar nicht näher – wie komm' ich dazu, daß i dene a Bier zahl? Ich hab ja schließlich mein' Eintritt 'zahlt.«

Er zeigte Valentin die zehn Stricherl, die er – außer den seinen – auf das Bierfilzl gezeichnet bekam.

Ein peinlicher Irrtum! Valentin schämte sich bis ins Herz hinein. Dieses Mißverständnis wurde noch oft am Stammtisch erzählt und jedesmal bog man sich vor Lachen.

Wer den Schaden hat, braucht für den Spott nicht zu sorgen!

Das alles hat sich im Frankfurter Hof zugetragen und noch mehr. Es war eine zünftige Zeit, von der Papa immer gerne erzählte.

Komiker Valentin

Hotel Frankfurter Hof Schillerstr. 49 Telefon 7105

vom 20.–30. April allabendlich

„Das lustige Variété-Programm"

Anfang präzis 8 Uhr. §89:842.

9

Am 3. August 1908 holte Karl Valentin seine Mutter nach München und zog mit ihr in die Ackermannstraße 1. Endlich war es soweit: Seine Not war zu Ende, und die Mutter sollte nun stolz auf die Erfolge ihres Sohnes sein.
Aber Großmutter konnte sich nicht so recht von Herzen freuen, wenn sie Papa auf der Bühne sah. Die kurzen Ärmel und die engen Hosenbeine ließen ihren Sohn allzu mager erscheinen. Sie hätte ihren »Valndin« viel lieber stramm und elegant gesehen, mit Zylinder à la Maxstadt, der sich auf seinen Plakaten gerne als Salonkomiker ankündigen ließ. Sie wußte am besten, daß der vielbelachte Sohn ein geplagtes Wesen war mit seinem Asthma, und sie sah seine Magerkeit mit anderen Augen.
Wie mitfühlend Großmama sein konnte – auch fremden Menschen gegenüber – beweist folgende Episode:
Großmutter mußte bei einer Varieté-Vorstellung eine sehr waghalsige Artistennummer über sich ergehen lassen.
»... und nun zeigt Ihnen, meine sehr verehrten Damen und Herren, Mister X den Todessprung aus zehn Meter Höhe mit verbundenen Augen ...«, verkündete der Ansager.
Im Zuschauerraum wurde es still. Nur *eine* Stimme meldete sich – die meiner Großmama:
»Ach, Herrchee, nee, nee, lassen Sie's nur, dangescheen! Wir glauben's Ihnen schon!«
Große Heiterkeit im Saal.

10

»Bittere Tränen hab' ich oft geweint«, erzählte Mama (zum soundsovielten Male!), »weil dich Babba, wie du auf d' Welt kommen bis, kaum ang'schaut hat! Und du warst so a goldig's Butzerl!«

Schade, daß ich das damals noch nicht erfaßt hatte, wie reizvoll ich war! Das muß wohl auch meinem Vater entgangen sein. Ich bin ja nach wie vor der Meinung, daß ich Papa ganz einfach zu jung war! Zu doagat, wie der Münchner zu sagen pflegt. »Doagat« kommt von »toagat« und »Toag« kommt von »Teig«. Ich war ihm einfach zu teigig. Zu wenig knusprig! Und das hätte ich nicht sein sollen! Er hatte Angst, mich anzufassen, weil ich so »woach« war.

Mama brach wieder einmal in Tränen aus und stellte Vater schluchzend zur Rede:

»Valentin! Ja, magst as – magst as denn gar net, unser Kind? G'fallts da net?«

Da sagte er ganz verlegen:

»Geh! Warum soll ich's denn net mögn! Freili mag ich's – i woaß nur net, was i mit ihr redn soll!«

Freundschaft schlossen wir zwei etwas später, als ich soviel Haare hatte, daß Papa mir höchstpersönlich einen richtigen Bub*en*kopf (nicht Bub*i*) schneiden konnte. Zum Kummer von Mama, die jeden Zentimeter Locken herbeisehnte. Nur so fand sie die rosa und hellblauen Häubchen an mir kleidsam. Und wenn meine kinderliebende Mutter ihren Valentin animierte: »Was meinst, wie gern i noch an Buam hätt! – lieber zwei als wie ein'! Dem könnt'st dann d'Haar von mir aus ganz runterschneid'n!« – dann sagte Papa: »Um Gottes willen! Alles, nur koan Buam!«

Da soll sich einer auskennen!

Als ich zwei Jahre alt war, durfte ich mich schon mit Papa auf Phonographenwalzen verewigen. Da wurde nichts geprobt – das war alles Improvisation!

Eine meiner ersten Darbietungen war:

»Wärst net auffigstiegn ,wärst net abi gfalln,
Hättst mei Schwester gheirat, wärst mei Schwager worn!
Hättst a Häuserl ghabt und a Kuh – und a Millisuppn
in da Fruh!«

Ein bißchen später sang ich mit Papa zweistimmig: »Drei Lilien, drei Lalien, die pflanzt ich auf mein Grab –.« Ich sang nicht schön, aber laut!

Wir haben nicht nur gesungen, wir haben auch musiziert. Papa legte zum Beispiel den »Bayerischen Defiliermarsch« auf sein großes Trichtergrammophon auf. Er selbst bediente die kleine Rolliertrommel, die er meisterhaft bearbeitete. Ich mußte an die große Trommel. In die eine Hand bekam ich einen dicken Trommelschlegel und mit der anderen mußte ich die Tschinelle schlagen, die auf die Trommel montiert war.
Dieses »vielharmonische Orchester« fand meistens am Sonntagvormittag statt, bei offenem Fenster! Mama war zwar der Meinung, diesen Lärm könne man den Hausinwohnern nicht zumuten, noch dazu am Sonntag, und wollte die Fenster schließen.
Papa: »Frau! Was meinst, wie des die Leut gfallt! Die meinen sicher, eine ganze Regimentskapelle ziagt vorbei. Aber des wirst du nie begreifen!« Die Fenster blieben offen.
Nur, wenn ich meine Gesangsübungen trällerte, vom tiefsten bis zum höchsten »la« und »mi« oder meine Stagettis hinaufgaggerte, war es selbst Papa lieber, daß man die Fenster zumachte.
Das »Mädi« hatte auch Gitarre- und Klavierunterricht. Zum Leidwesen meines Vaters mangelte es mir an Fleiß und Ausdauer. Ich übte nur, was meinen Ohren guttat, und mit den Noten stand ich auf Kriegsfuß. Wenn ich mir auf dem Klavier selbst etwas zurechtzimmerte, stand Papa plötzlich hinter mir, schaute auf das Notenblatt und fragte – ziemlich unwirsch:
»Wo steht denn des, was du da zammspielst? Wo? Aus dir wird im Leben nix! Du fangst alles an und führst nichts zu End!«
Papa konnte recht streng sein. Aber er war es nie lange. Und nie in dem Ausmaß, daß ich ihn als Kind gefürchtet hätte.
Außerdem hatte ich ja Großmutter, die immer auf meiner Seite war – wenigstens tat sie so vor Papa.
Sehr unwillig reagierte Papa auf meine Unpünktlichkeit.
»Desmal kriagts aber Schläg' – – der Saufratz!« drohte Papa und Großmutter war schon »aus dem Häuschen«, innerlich und in der Tat. Sie holte mich nach Hause.
»Nee, ach God, nee! Wo bleibste denn? Warum gähste denn nich heeme? Da Babba ist wütnd! Heite griechste aber deine Hiebe!«
Sie nahm mich bei der Hand und wir zitterten geschlossen heim. Ich muß sagen, so ganz wohl war mir nicht, als wir beide, wie

Angeklagte, vor dem väterlichen Richter standen. Großmutter stürzte sich geradezu in ihre Verteidigungsrede:
»Nu, Babba – – da is se ja. Nu tu ihr nischt! Se tuts nimmer – – nich wahr?«
Und nichts ist mir passiert. Papa durfte nicht. Ich ging vorsichtshalber gleich ins Bett, das bereits vorgewärmt war.

II

»Mulli« hieß meine Wärmflasche. Sie war ein Prachtexemplar von einer Kätzin. Sie trug einen schwarzen Pelz, der wie Seide glänzte. Dazu weiße Stieferl und eine weiße Schnurre.
Damit es unserem geliebten Katzerl nicht langweilig wurde, brachte ihr Papa eines Tages zehn weiße chinesische Tanzmäuserl. Sie verbrachten ihr tänzerisches Dasein hinter Gittern.
In diesem luftigen Käfig befand sich ihre Wohnung: ein Turm aus Pappe, ringsherum mit Löchern garniert, so groß, daß die Bewohner bequem aus- und einschlüpfen konnten. Für Speis und Trank war natürlich gesorgt.
Vor diesem Mäuseparadies saß Mulli und beobachtete genau, zu welchem Loch das eine Mäusekind herauskam und in welches das andere hineinschlüpfte. Dazu drehte Mulli ihr Köpfchen einmal herüber, einmal hinüber. Wagten sich die Kecken ans Gitter ihrer Mäusevilla, so versuchte Mulli, sie mit ihrem Samtpfötchen zu erwischen – aber ohne die Krallen herauszustrecken. Sie war nicht böse, sie spielte. Es waren ihre Mäuslein.
Eines Nachts, als Papa nach seinem Auftreten nach Hause kam, kauerte eine halbverhungerte Katze in unserem Hause und miaute ihn herzzerreißend an. Papa nahm sie natürlich mit, und das arme fremde Katzerl stürzte sich auf Mullis Futterschüssel. Zuerst aber trank sie die Milch aus.
Mulli beobachtete dies mit tierischem Ernst und ließ sich alles gefallen. Plötzlich raschelte und piepste etwas im Raum. Die Kostgängerin unterbrach ruckartig ihre Mahlzeit – die Urvor-

fahren wurden in ihr lebendig, als sie »Feind« witterte. Sie witterte ihn nicht nur, sie entdeckte ihn! Der Mäusekäfig stand, mit einem Tuch zugedeckt, auf einem Schränkchen neben der Küchentür. Zwei Katzen wurden zu Bestien! Die Fremde ging zum Angriff über. Mulli verlor ihre stoische Ruhe und sprang ihr blitzschnell nach. So schnell, daß sie die andere noch in der Luft zu fassen bekam. Einen Knäuel fauchender Katzen mußte Papa als Schiedsrichter trennen. Die fremde Katze wurde wieder verabschiedet, und Mulli bekam ein Lob vom Herrle, weil sie ihre Mäuse so heldisch verteidigt hatte. Papa schilderte anderntags begeistert dieses Schauspiel.

»Das war echt!« sagte er. »Drum hat's ma gfalln, wenn i auch a paar Kratzer derwischt hab!«

Mulli war längst im Katzenhimmel, da tauchte wieder eine winzig kleine Katze auf. Sie war Papa nachgelaufen. Leider hatten wir sie nur einen Tag, denn es meldete sich der Eigentümer:

»Entschuldigen S', Herr Valentin, ich hab ghört, daß Ihnen mein Peterl zugelaufen ist. Könnt' ich ihn wiederhaben?«

Papa tat ganz verwundert:

»Peterl? Drum hat de net gehört, wenn i ihr gschrien hab. Ich hab's per ›Pluto‹ angredt!«

12

Was meine Schulzeit betraf, war Papa sehr einsichtig. Als man mich nach sechswöchiger Probezeit aus der St.-Anna-Töchterschule mit dem berühmten »Blauen Brief« nach Hause schickte, erklärte man meiner enttäuschten Mutter, daß ich – nach Aussage des Schularztes – die Schwächste von der Klasse sei und daher des öfteren während des Unterrichts einzuschlafen drohte.

Dieses Trostpflaster tat seine Wirkung. Mama nahm mich – die Durchgefallene – zärtlich in die Arme:

»Da brauchst jetzt net weinen, Mädi, schau, du bist ja net dumm – – du bist nur körperlich zu schwach.«

Papa zeigte sich robuster. Er meinte:
»Lieber ein dummes Kind als ein krankes!« Und dann führte er mich zum Konditor.
Sicher war er nicht zuletzt deshalb so verständnisvoll, weil er an seine eigene Schulzeit die denkbar schlechteste Erinnerung hatte.
Zu meinem Glück hatte Papa die Toleranz seiner Eltern, er übersah auch meinen Vierer im Rechnen und schickte mich lieber an die frische Luft:
»Schau's nur an, wie blaß daß's is', s'Mädi, und wie mager!«
Und ich fand Papa so schön!
Eine Tante meiner Mutter erlaubte sich die Bemerkung:
»Was? *Den* willst du heiraten, den greißlichen rothaareten Kerl?« zischte sie meine Mutter an, als sie ihr als junges Mädchen den Bräutigam vorstellte. Das erfuhr ich natürlich erst nach vielen Jahren und habe der Tante Pepi rückwirkend den Kampf angesagt. Papa wußte genau, daß er bei mir »einen großen Stein im Brett« hatte und sich daher manches leisten durfte.
Wenn es zum Beispiel bei uns Spargel gab und ich das Beste – die Köpfe – auf Papas Teller abschob, weil ich nur das Mittelstück schmackhaft fand, gab mir Papa folgenden Rat:
»Ruf doch amal beim Circus Krone an, die suchen an dumma August. Die nehmen dich sicher!«
Und wenn ich von meiner Freundin Besuch erwartete und das Zimmer etwas überschwenglich mit Vasen und Deckerln und Blumen schmückte, streckte er plötzlich den Kopf zur Tür herein, schaute im Zimmer herum und rief:
»Frau! Mama! Komm schnell ins kleine Zimmer! Des mußt' dir anschaun!«
Beide schauten zur Tür herein.
»Schön, gell!« spöttelte Papa. »Genauso hat's beim König Ludwig auch angfangen!«
So stolz ich heute auf meinen Vater bin, so peinlich war es mir als neunjährigem Mädchen, als er sich auf seine Art in meinem Poesiealbum verewigte:

Hier in diesem Album stehen
Manche Worte gut gemeint
von der Freundin, von dem Freunde
Von Bekannten schön gereimt.
Jedes wünscht dir nur das Beste
„Glück" auf deinem Lebensweg
Auch die Mutter hat voll Hoffnung
daß es dir stets gut ergeht
– Und dein Pappa wünscht dasselbe
seinem lieben Töchterlein
Noch dazu, daß grad wie er selbst,
Immer „sie" soll lustig sein.

Dein
schöner Pappa.

München 28. Februar. 1919.

»Hier in diesem Album stehen
Viele Worte gut gemeint
Von der Freundin, von dem Freunde
Von Bekannten schön gereimt.
Jedes wünscht Dir nur das Beste
›Glück‹ auf Deinem Lebensweg,
Auch die Mutter baut voll Hoffnung,
Daß es Dir stets gut ergeht.
– Und Dein Pappa wünscht dasselbe
Seinem lieben Töchterlein.
Noch dazu, daß grad wie er selbst
Immer ›Sie‹ soll lustig sein.

Dein
Schöner Pappa.«

Soweit wäre ja alles in Ordnung gewesen. Nur, daß mir mein »schöner Pappa« ein Bühnenphoto, mit Kittnase, hautenger Komikerkleidung und Riesenstiefeln auf die gegenüberliegende Albumseite klebte – das war hart!

Die Mitschülerinnen fragten mich: »Is des dei Papa? Und die lange Nasn! Is der so mager?« Und sie lachten. Eine meiner Klassenkameradinnen schoß den Vogel ab: »Gell, dei Papa is a Komiker! Gell, des is a Kaschperl?« Und im Chor verhöhnte man mich: »Ui! D'Fey hat an Papa, der is a Kaschperl!«
Mit neun Jahren war ich noch nicht imstande, die Künstlerehre meines Vaters zu verteidigen. Ich brauche wohl nicht zu schildern, wie sehr ich damals litt. Papa habe ich davon natürlich nichts erzählt!

13

Manche Menschen haben es da leichter. Die trinken einen über den Durst und schon ist aller Kummer verflossen. Bei uns zu Hause ist dies allerdings nicht üblich gewesen. Zum Mittagessen tranken wir, Vater, Mutter, Großmutter und Kind *eine*, höchstens zwei Halbe dunkles Löwenbräubier. Beim Abendessen war es nicht anders. Und zum Frühstück nahm Vater ein Glas Rotwein mit Ei zu sich, zur allgemeinen Kräftigung. Zur Grippezeit hatte er immer ein Reisefläschchen mit Kognak in seiner Tasche, und wenn er »Bazillen« witterte, nahm er schnell einen Schluck. An klare Schnäpse wagte er sich nicht heran wegen seines Asthmas. War aber zufällig ein Flascherl Likör im Haus, so kippte er ein oder zwei Gläschen.
Ich habe meinen Vater nie betrunken erlebt.
Doch! Einmal! Zur Salvatorzeit.
Da polterte jemand die Treppe herauf. Mama, Großmama und ich horchten auf. Es läutete und pumperte an unserer Wohnungstür, und ein Sangeslustiger bat um Einlaß.
Als Mama die Tür öffnete, fiel Papa ihr um den Hals. Er konnte sich nicht mehr auf den Beinen halten. Wir stützten ihn gemeinsam und führten ihn den langen Gang entlang bis ins Schlafzimmer, wo wir den Haltlosen liebevoll aufs Bett setzten.
Ich muß gestehen, daß mich als Kind dieses kleine Schauspiel amüsierte, noch dazu, weil Papa kreuzfidel war.

Er umarmte uns alle und war recht gut zu haben! Mama schüttelte den Kopf und meinte:
»Also, so hab ich ihn doch noch nie gesehen! Wenn er uns nur nicht krank wird!« Mama dachte an Papas qualvolle Asthmaanfälle. Und Großmama seufzte, ohne ihre Hilfeleistung zu unterbrechen:
»Nee, nee, nee, ach God nee!«
Papa ließ alles mit sich geschehen. Als er am Bettrand saß, streckte er wie ein Pascha die Beine aus, was natürlich heißen sollte: »Jetzt ziagts ma d'Schuah aus!«
Großmama stützte ihren »liederlichen« Sohn, Mama und ich vollbrachten Gemeinschaftsarbeit. Wir hatten alle Hände voll zu tun und unser Herr sang dazu das »Prosit der Gemütlichkeit«. Als wir beide, Mama und ich, vor Papa knieten, um ihm die Schuhe auszuziehen, ereignete sich etwas Unvorhergesehenes: Ruckartig zog er seine Füße zurück und sagte, vollkommen nüchtern:
»Gehts weg! I konn ma doch meine Schuah alloa ausziagn!« Papa hatte eine Spitzbubenfreude, daß wir alle drei auf ihn und seinen gespielten Rausch hereingefallen waren.

14

Arme Großmutter! Vollkommen aus dem Häuschen geriet sie, wenn das Telefon klingelte.
Einmal, daran kann ich mich noch gut erinnern, verwechselte sie den zweiten Hörer mit dem Federhalter-Behälter. (Die Jüngeren werden ihn nicht mehr kennen, es war ein Glas, etwa 20 cm hoch, mit einem Durchmesser von vielleicht 5 cm. Ein Zylinderglas. Dieses war mit erbsgroßen gelben Glaskugeln gefüllt, ungefähr bis zur Hälfte. Der Zweck dieses Glases war, man entledigte sich darin nach dem Schreiben seines Federhalters und beschmutzte somit weder Papier noch Schreibtischplatte mit Tinte.)
Das Telefon klingelte. Schrecklich! In ihrer grenzenlosen Ver-

wirrung ergriff Großmama dieses Glas und hob es hastig an ihr Ohr. Zu ihrem Erstaunen drangen keine Worte, dafür aber Glaskügelchen an und in ihr Ohr. Die übrigen ergossen sich wie Hagelschauer über den Schreibtisch und auf den Boden.

»Nä, Valndin! Ich bitt'ch um Himmelswillen, verschon mich mit dem Zeich! Ich bin zu alt, ich zittre an Händn und Fießn wenns Delefon läut! Ich gäh nich mehr hin!«

Und wieder einmal läutete das »Delefon«. Papa war bereits ein paar Treppen hinuntergegangen, hörte es aber noch klingeln und machte wieder kehrt. Aber er kam zu spät. Großmama kam ihm schon entgegen – ganz verdattert – und erstattete Rapport:

»Nee, ach God, nee! Du warscht noch keene Minude ford, da gings Delefon. Ich sachte: Valndin hier. Da meinte der Mann, ob er dich sprechn könnte. Nee, sach ich, er ist ebn wechgegangen, er kann höchstens grad zur Hausdiere nausgegangn sein. Sind se ihm denn nich begegnet?«

Großmutter trug nicht nur zur Gemütlichkeit, sie trug auch zur Heiterkeit bei. Langeweile gab es nicht in unserer Familie. Allein schon unsere Haustiere machten uns viel Spaß. Allerdings nicht immer – und nicht alle. So brachte Papa eines Tages eine niedliche kleine Maus nach Hause. Aus dem Mäuslein wurde eine Maus. Es wuchs weiter und wurde eine Ratte! »Da hama gschaut!«

15

Eigentlich könnte man ja jedes Tier, das man im Hause hält, ein »Haustier« nennen. (Vater würde natürlich jetzt sagen: »Nicht zu verwechseln mit Haus-Tür!«)

Und doch kann ich mich damit nicht einverstanden erklären und behaupte: Nicht jedes Tier, das ins Haus gebracht wird, ist ein Haustier, wie etwa eine Blindschleiche.

Die aber brachte Papa mit. Er wollte uns einreden, das sei ein nettes Viecherl und wir sollten es doch auch liebhaben. Da Mama eine panische Angst vor allem hatte, was sich schlängelte, machte

sie einen großen Bogen um das kleine Untier. Auch ich war nicht sehr begeistert, als mich Papa nötigte: »Jetzt nimm's amal in d'Hand. Die beißt di net!«
Wir fanden uns halt so schlecht und recht mit der Blindschleiche ab. Papa hatte aber plötzlich Mitleid mit Mama und mit mir und versprach, das Tier wieder wegzubringen.
Er setzte es in den Blechbehälter, in dem er es gebracht hatte und wollte es fortbringen, um ihm wieder die Freiheit zu schenken.
Ein unerwarteter Besuch hielt ihn jedoch von seinem Vorhaben ab. Er stellte den »Käfig« samt Inhalt auf den noch schattigen Balkon. Als er nach etwa zwei Stunden – so lange blieb der Besucher – das Tier wegbringen wollte, machte er einen grausigen Fund: Die Sonne schien inzwischen prall herab und röstete das hilflose Wesen in seinem Gefängnis.
Papa war verzweifelt, daß ausgerechnet ihm so etwas passieren mußte. Ich höre ihn noch sagen: »Nie wieder ein Tier!«
Es ereilte ihn noch ein ähnliches Mißgeschick:
So war er einmal bei Herrn Oberamtsrichter M. zu Besuch in dessen Villa am Starnberger See. Sein Gastgeber war ein leidenschaftlicher Angler. Er hatte sein Fanggerät an einen Baum gelehnt und ohne zu fragen, nahm Papa die Angel an sich. Den Wurm an den Haken zu spießen, hatte er geschafft. Das mußte ja sein. Er warf die Angel mit Köder ins Wasser und schon nach wenigen Minuten zog er einen fingerlangen Fisch heraus. Als er ihn abnehmen wollte sah er, daß der Haken durchs Auge gegangen war. Ein Gärtner im Nachbaranwesen beobachtete sein Mißgeschick und seine Verzweiflung und kam ihm und dem armen Fisch zu Hilfe.
Papa hat nie mehr geangelt.
»Als Kind«, so erzählte Papa, »hab' ich auf Katz'n g'schossen und die Mäuse geköpft. Und später, wie ich erwachsen war, hab' ich die kleinste Fliege aus dem Wasser g'fischt und an der Sonn' trocknet.«
Mit Ausnahme von Raubtieren und Bienen faßte mein Vater jedes Tier an, ohne Angst und ohne Ekel. Ganz gleich, ob es Schlangen waren oder Käfer, ob es Würmer waren oder Blutegel.

Valentin und seine Mutter um 1900

Karl Valentin als Siebzehnjähriger

Valentins Braut Gisela Royes

Buntstiftzeichnungen von Valentins Bruder Karl, der im Alter von acht Jahren an Diphtherie starb

Er liebte sie wirklich, die »sprachlose« Kreatur. Und wenn ein Papagei »seiner« Meinung war, hatte er auch gegen diesen nichts einzuwenden.

16

»Wie is' jetzt des bei Eahna z'Haus? Sie müssn doch aus'm Lachen net herauskemma – oder? – Is' Eahna Vater dahoam a so a Viech wie auf da Bühne?«

Diese Fragen wurden mir immer wieder gestellt, und ich hatte mir längst eine Antwort zurechtgezimmert.

Aber leider ist es unmöglich, die seelische Struktur Karl Valentins an einer Straßenkreuzung oder auf der Plattform einer Trambahn zu schildern.

Wenn ich sagte, daß es bei uns nie langweilig war, so heißt das nicht, daß bei uns nur gelacht wurde. Papa hatte auch viel Sinn für Gemütlichkeit und fürs Romantische. Ich erinnere mich an ein Weihnachtsfest, an eine Bescherung, die mir unvergeßlich geblieben ist.

»Klingelingeling!« machte das Christkind – ich nehme an, es war die Großmutter –, und dann war es soweit.

Im Bescherungszimmer strahlte der Lichterbaum, und meine Kinderaugen erblickten eine Dreizimmer-Puppenwohnung ohne Einrichtung! Sie war elegant, aber leer. Papa, Mama, Großmama drückten ihre Verwunderung darüber aus, was das Christkind sich wohl gedacht haben möge, und ich glaubte, mich auch über das leere Gehäuse freuen zu müssen.

»Vielleicht bringt s'Christkindl s'nächste Jahr die Möbel dazu?« kündigte Mama an.

»Des is scho g'spassig!« ergänzte Papa.

Da läutete es an der Wohnungstür.

»Ausgerechnet jetzt, während der Bescherung!« Großmama ging zur Tür, um zu öffnen. Sie kam mit einem Riesenpaket zurück. Schon das Packpapier war ungewöhnlich. Es war mit goldenen Sternen bedruckt, und die Anschrift war ebenfalls in Gold gehal-

ten. Sie war an mich gerichtet. Absender: »Das Christkind aus der Himmelsstraße.« Die goldene Schnur wurde durchschnitten, das Papier entfernt. Allmählich drang ich ins Innere vor, das voller Geheimnisse war. Nichts war zu sehen, als viele kleine und kleinste Päckchen. Jedes einzeln verschnürt. Ich wurde immer aufgeregter vor Neugier. Ausgewickelt mußten werden: Herr und Frau Baron, je 6–7 cm groß, drei allerliebste Kinder, etwa 4–5 cm hoch, und deren Puppen, zwischen 2 und 3 cm. Ein komplettes Schlafzimmer, ein Speisezimmer und ein Salon. Für das Schlafzimmer gab es zwei niedliche, feinumhäkelte Wärmflaschen sowie zwei Töpfchen »für unters Bett« und für den Salon sogar ein Rauchtischchen. Und ein Vogelbauer mit einem winzigen Kanarienvogel, zirka 5 mm, hatte im Speisezimmer Platz gefunden. Ich habe später nie wieder eine so bizarre Puppenwohnung gesehen! Acht Hände waren mit dem Auspacken und Einräumen beschäftigt. Ich fiel von einem Entzücken ins andere: »Ui! O mei! Ui – da schau her! Ah! Ui!« Es war ein großer Erfolg für Papa. Die Vorweihnachtszeit war voller Geheimnisse. Mein Vater verstand es, unsere Erwartung täglich zu steigern. Manchmal kostete das gar Nerven! Kindernerven!
»O mei! I hab was g'sehn!« So machte Papa mich auf die Weihnachtsgeschenke neugierig. »Es geht mit *X* an und hört mit *pf* auf!«, und ich zerbrach mir meinen Kopf, was das wohl sein könnte. Papa: »Dann hab' ich noch was g'sehn. Es geht mit *H* an und hört mit *h* auf. Mei, da wirst schaun!« Es stimmte weder ein *X* noch ein *pf*, weder ein *H* noch *h*. Das war die Phantasie meines verspielten Vaters. Gar nicht leicht war die Prüfung für mich durchzustehen: »Ich muß dem Christkindl helf'n, sonst wirds net fertig!« Er bastelte in unserm kleinen Zimmer, an dem man vorbeigehen mußte, um die eigentliche Wohnung zu betreten. Das Aufregende daran war, daß Papa die Türe sperrangelweit offenließ. Ein Blick hätte genügt, und ich wäre im Bilde gewesen. Das wagte ich aber nicht, denn er warnte mich: »Wenn du reinschaugst und was dalurst, dann holt's Christkindl alles und bringt's einem anderen Kind! Du weißt ja, das Christkindl sieht alles!«
Natürlich wußte ich das und verhielt mich entsprechend. Manchmal blieb ich unschlüssig stehen, den Kopf verdrehte ich kaum,

aber meine Augen blieben dabei nicht ruhig. Jedoch so vorsichtig, daß ich nichts erspähen konnte. Am Heiligen Abend kam die so schwer erkämpfte Belohnung: Unter dem Christbaum stand die Nachbildung einer kleinen Kapelle, naturgetreu von Papa gebastelt. Ich durfte an einer Kurbel drehen, dann gingen die Kirchgänger zur Christmette. Die Kirche war im Inneren beleuchtet und durch die Fenster sah man auf die Kanzel, von der der Herr Pfarrer die Ansprache hielt. Seine Stimme war die meines Vaters, der die Metten-Predigt auf eine Phonographenwalze gesprochen hatte: »– und Friede den Menschen auf Erden, die guten Willens sind! Amen!«

Und unsere Mama war es, die bis zum frühen Morgen an der Nähmaschine saß und Puppenkleidchen nähte und was das Christkind ihr sonst noch alles in die Hände spielte: Ohne Mama wäre es nicht gegangen – der Initiator aber war und blieb Papa.

17

Im Jahre 1943 schrieb Valentin über das Weihnachtsfest: »O du fröhliche, o du selige, gnadenbringende Weihnachtszeit. *En Bibitatis Stroninus Allisabbabis.* Gehe in den Wald und pflücke Dir einen Christbaum, schleppe ihn heim, in Dein Heim, aber laufe schnell, damit er nicht welk wird, bis Du heimkommst, und Du hast damit die Grundlage für das Weihnachtsfest geschaffen. Dann besorge Dir ein viereckiges bretterähnliches Holz, bohre in dasselbe ein rundes hohles Loch und stecke den ›O Tannenbaum, o Tannenbaum‹ ins Loch hinein. Aber nicht mit dem Gipfel nach unten, das wäre Forstfrevel, sondern mit dem Gipfel nach oben, also gegen den Himmel gerichtet – im Zimmer natürlich gegen den Plafond.

Dort oben auf schwankendem Wipfel befestige mit silbernen Fäden den Weihnachtsengel aus Wachs – aber ich warne Sie: Du tust gut, statt einem Engel aus Wachs einen Engel aus Messingblech mit gußeisernen Flügeln auf den Gipfel des Weihnachts-

baumes zu hängen, denn wenn der Weihnachtsbaum am Christabend im Lichterglanz erstrahlt und die oberen Kerzen zu nahe an dem Engel brennen, wird es dem Wachsengel zu heiß, er schwitzt sich zu Tode, das heiße Wachs tröpfelt tropfenweise von Ast zu Ästchen; und wenn die Schallplatte am Heiligen Abend ›Stille und heilige Nacht‹ leise aus dem Grammophon schmettert, wird der Weihnachtsengel auf schwindelnder Höhe seines Christbaumes öffentlich vor Deinen Familienmitgliedern gebraten.
Das wäre doch ein Akt der Pietätlosigkeit – also deshalb lieber einen Engel aus Metall. Weil aber Metall noch immer wegen dem Vierjahresplan nicht zu erwerben ist, kannst Du den Wachsengel ruhig auf dem Baumgipfel aufhängen, wenn Du Deinen Christbaum elektrisch beleuchtest. Aber das kannst Du heute auch nicht machen, weil doch wahrscheinlich am Heiligen Abend Stromsperre ist. Und daß es heuer keine Kerzen gibt, weißt Du ja auch.
Diesen Winter gibt es überhaupt nichts, also auch keine Kerzen, und das ist ja ein Glück, denn wieviel Zimmerbrände entstehen gerade am Heiligen Abend durch das Umfallen von Christbäumen. Die Feuerwehr hat alle Hände voll zu tun, also Vorsicht! Keine Beleuchtung des Christbaumes – wenn das Zimmer hell ist, sieht man ja den Christbaum auch so.
Den Kindern ist es doch nicht wegen dem Christbaum allein, sondern die Hauptsache sind und bleiben doch immer die Weihnachtsgaben.
Wenn sich der kleine Hermann schon im Sommer auf die Ski freut, die er am Weihnachtsabend bekommt, ist doch das dem kleinen Hermann so wurst wie nur was, ob auf dem Baum Lichter brennen oder nicht – wenn er nur seine Ski hat. Vor lauter Freude nimmt er's mit ins Bett. Solche Freude hätte er nie an dem Christbaum, daß er denselben gleich ins Bett mitnehmen möchte – mit brennenden Kerzen schon gleich gar nicht.
Ja, aber jetzt zu den Weihnachtsgaben – was soll das Christkind heuer bringen!? Geben tut es schließlich noch alles, wenn nicht im Spielzeugladen, dann in der Umtauschzentrale: also von ehemaligen Herrschaften abgeleckte – Verzeihung! abgelegtes Kinderspielzeug; mit Ausnahme von Bleisoldaten und das wird auch

gut sein. Auf jede Schachtel Bleisoldaten gehört ein Etikett: Vorsicht! – Nichts für Kinder!
Also harmlose Spielsachen. Gibt es überhaupt harmlose Kinderspielsachen? Bei näherer Überlegung – nicht. Also zum Beispiel Ski oder Rodelschlitten – die Kinder können dabei stürzen und sich die Genicke brechen. Harmlose Gummibälle – die Gummibälle kollern auf schmutzigem Boden, allerlei Bazillen bleiben daran, wandern von den Kinderhänden in den Mund, und infizierte Krankheiten – wie Scharlach, Masern, Altersschwäche usw. – sind die Folgen. Also keine Gummibälle! Eine Kindereisenbahn? Nein! Die geheizte Dampflokomotive könnte unter die Bettlade fahren, fällt um; der brennende Spiritus läuft über, das Bett fängt zu brennen an, das Zimmer auch, die Kinder auch – und das Unglück ist fertig. Der Steinbaukasten kommt gar nicht in Frage! Wie leicht kommen Kinder in Streit, werfen sich gegenseitig die Steine an die Schläfe – man denke hier an David und den Riesen Goliath. Ein Farbenkasten ist harmlos, aber beim Malen von Bäumen verwendet man grüne Farbe. Grün setzt Grünspan an, Grünspan ist Gift – also wieder eine Gefahr für Kinder. Geduldspiele können für Kinder wiederum Gefahr bringen: in ihren jungen Jahren könnte denselben schon die Geduld reißen und ein Nervenleiden wäre unausbleiblich. Papierdrachen zwingen die Kinder zum Spielen im Freien, frische Luft ist für die Kinder gesund, aber wenn der Drachen in der Luft fliegt, schauen die Kinder nach oben, und unten laufen sie schließlich in ein Auto oder eine Straßenbahn und werden überfahren. Trommeln und Trompeten sind an sich harmlos, aber da machen die Kinder wieder zu viel Lärm – die Hausinwohner beschweren sich, die Eltern bekommen mit diesen Streit, Gerichtsverhandlungen sind die Folgen; also Trommeln und Trompeten sind auch nicht das Richtige. Badehosen für den Sommer: die Kinder gehen zum Baden, könnten dabei ertrinken; eine Zimmerschaukel – Strick reißt – Hals- und Beinbruch.
Kleine farbige Schusser zum Kugeln sind sehr gefährlich: Die Kinder nehmen aus Übermut solche Kugeln in den Mund, die Kugeln rutschen hinunter, der Arzt kuriert auf Gallensteine und wer ist Schuld: die unvernünftigen Eltern.
Also keine Weihnachtsgaben und keinen brennenden Christ-

baum! Denn – wie schon erwähnt – brennende Christbäume haben schon viele Zimmerbrände verursacht und statt dem Christkind kam die Feuerwehr ins Haus.
Doch! Ein Geschenk wäre evtl. gefahrlos: ein Radio! Aber auch der kann Gefahr bringen: bei den überaus lustigen Sendungen der letzten Zeit könnten sich die Kinder und auch die Erwachsenen krank lachen – also auch wieder nichts.
O du fröhliche, o du selige, gnadenbringende Weihnachtszeit! Liebes Christkind, dann bring uns wenigstens heuer *Gnade*, das ist was Schönes und was Billiges – und ganz gefahrlos!«

18

Auch ich entwuchs einmal den Kinderschuhen. Aus meinen Fußerln wurden Füße, und aus dem »Mädi« wurde ein »Fräulein Mädi«.
»Schaug'n's an, an Valentin, was er für a dantschigs Popperl dabei hat!« hörte ich einmal einen jungen Mann seinem Freund zuflüstern.
Da kam ich mir sehr erwachsen vor und wuchs ein paar Zentimeter in die Höhe.
Mit Papa durch München zu gehen, es machte mir Spaß.
»Des is doch da Valentin! – Freili' is er's!«
Manchmal mischte sich Papa ein:
»Na – na! Der bin i net. I bin sei Bruada, da Kardinal!«
Einige blieben unschlüssig und lachten verlegen. Andere wieder riefen belustigt zurück:
»Na, na, Sie sans scho selber, Herr Valentin!«
Mit 16 Jahren wollte ich »Staat machen« mit meinem Vater. Ich wollte mit ihm »elegant ausgehen« – in vornehme Lokale. Dieser Wunsch blieb meistens unerfüllt.
Wir stöberten oft drei, vier Lokale auf, taten einen Blick ins Innere und machten wieder kehrt:
»Oh je! So vui Leit! Na, Mädi, da gehn ma net nei!« Wir lande-

ten dann in einer ganz einfachen Wirtschaft. »Da gehn ma nei, Mädi! Da ist fast niemand drinn'! Da ham ma unser Ruah!«
»Ja Papa!« sagte ich nur. Und dafür hatte ich mich so elegant angezogen. Das Weinen stand mir näher als das Lachen. Aber nicht lange. Papa war auch hier so unterhaltsam, daß ich schließlich doch wieder auf meine Rechnung kam.
Einmal gerieten wir, ganz zufällig, in ein Tanzlokal. Es gefiel mir recht gut.
»Papa, bitte, bitte, bleiben wir da. Das ist so schön!« Und wir blieben. Ich strahlte. Aber nicht lange. Wir hatten kaum von unserem Wein genippt, stand auch schon der erste Tänzer vor mir. Er verneigte sich zuerst vor Papa:
»Herr Valentin, erlauben Sie, daß ich mit Ihrem Fräulein Tochter –« Papa ließ ihn gar nicht ausreden.
»Nein, meine Tochter tanzt nicht – gell Mädi?«
»Ja, Papa!« Ich tanzte nicht. Darauf Papa:
»Hätt'st gern tanzt?« worauf ich leise erwiderte:
»Macht nix, Papa!«
»Bleibst liaba bei mir, gell?«
Das einzige, was ich herausbrachte, war noch: »Mhn!«
Papa hütete mich wie seinen Augapfel.
»Gell, Papa, heute abend darf ich mit der Gusti und der Gretel ausgehen? D'Mama hats mir erlaubt.«
Papa erlaubte es, wenn auch mit einer für mich überraschenden Einschränkung. Abends, kurz vor halb acht, brachte mich Papa mit einem Taxi zum verabredeten Treffpunkt am Marienplatz.
»Wo stehen denn deine Freundinnen, die Gretel und die Gusti?«
Es war schon fünf Minuten nach der verabredeten Zeit. Ich stand wie auf glühenden Kohlen, denn ich sah meinen nagelneuen Verehrer schon nervös auf und ab gehen.
»Ach, Papa, du kannst jetzt schon weiterfahren. Du mußt ja doch in d'Vorstellung. Sonst kommst noch zu spät!«
»Na, na, des geht schon noch. Des kann ja doch nimmer lang dauern.«
Und so blieben wir weitere fünf Minuten im Taxi sitzen. Er – ein Jüngling mit lockigem Haar – hatte bestimmt inzwischen einen Kilometer mit seinem Hin und Her zurückgelegt. Nun konnte Papa aber wirklich nicht mehr länger warten und fuhr weiter.

Die Qual nahm ein Ende, doch mein Verehrer war verschwunden.
Traurig trottete ich zu meiner Freundin, wo ich die Stunden absaß, die ich gerne mit meinem Verehrer verbracht hätte. »So elegant –?« begrüßte mich Marianne, als sie mir die Tür öffnete.

Papa mochte es, wenn ich hübsch aussah. Einmal kam er von einer Gastspielreise zurück und überreichte mir ein Mitbringsel mit folgendem Kommentar:
»Da, Mädi, laß dir ein schönes Theaterkleid machen! Gfallt dir der Stoff? Samt is halt was Vornehmes! Und was sagst du zu der schönen blauen Farb'? Wia unser Münchner Trambahn!« Fragend sah er mich an. »Du sagst ja gar nix!«
Es hatte mir die Rede verschlagen. Der münchnertrambahnblaue Stoff war nämlich fliederfarben.
»Ich kann mir net vorstellen, daß oaner Rot, Grün und Braun auseinanderkennt! Da is doch gar koa Unterschied! Höchstens, daß eine Farb' a bißl heller und die andere a bißl dunkler is«, sagte Papa und erinnerte sich, daß er Mama einmal einen Entsetzensschrei entlockte, als er mit einer Krawatte ankam: Sandfarbener Stoff mit großen blutroten Ringen, die ineinander verschlungen waren. Papa sah die Kreise schwarz! Das entschuldigt einiges.
Einmal retouchierte Papa ein kleines Landschaftsbild. Die Farbflaschen standen sortiert in Reih und Glied. Papa wußte genau: im ersten rechts war blau, dann kam gelb, grün und so weiter.
Ich vertauschte ihm die Farben, und prompt malte Papa eine rote Wiese und die braunen Baumstämme waren grün!
Franz Marc malte blaue Pferde, Karl Valentin a rote Wies'n.

19

Von großer Bedeutung war für Karl Valentin das Jahr 1911. Da wurde Papa Ehemann von Gisela Royes und im gleichen Jahr Bühnenpartner von Elisabeth Wellano – genannt Liesl Karlstadt. Sie war fast zwölf Jahre jünger als Mama.
Papa schätzte und liebte beide:
»Gisela, ich kann ohne dich nicht leben und ich kann auch ohne die Liesl nicht mehr sein«, gab Papa seiner Gisela zur Antwort, als sie ihn einmal unter Tränen fragte, ob er nicht lieber mit der Liesl verheiratet wäre.
Es war für beide Frauen nicht leicht, *einen* Valentin zu haben, den letztlich keine von beiden ganz besaß.
Auch an mir ging dieser Zwiespalt nicht spurlos vorüber. Ich war als Kind immer eifersüchtig, wenn Papa »das Fräulein Karlstadt« – wie er sie in meiner Gegenwart nannte – mir zum Vorbild machte. Ich hatte das Empfinden, diese Frau nimmt mir meinen Vater. Außerdem konnte ich Mama nicht weinen sehen.
Und so entstand eine Kluft zwischen Karl Valentins Partnerin und mir, die auch niemand zu überbrücken verstand.
Als ich älter wurde, gewöhnten wir uns an diese Distanz. Wir sind einander fremd geblieben.
Ich habe nie eine Bühnenprobe der beiden miterlebt – und auch keine Premierenfeier. – Ich erzähle das alles nur deshalb, um verständlich zu machen, daß ich hier auf die Aussagen anderer angewiesen bin.
Siegfried Sommer schreibt am 12. Dezember 1967 in der Abendzeitung:
»Der 12. Dezember 1892 war ein Tag wie jeder andere. Und in den *Münchner Neuesten Nachrichten* stand u. a., daß ›dem Bäckermeistersehepaar Ignaz und Agathe Wellano im Anwesen Zieblandstraße Nr. 11 ein siebenpfündiges Mädchen geboren wurde, das den Namen Elisabeth erhielt‹.
›Liesl‹ ... Damals schon hatte die kleine Schleiferl-Madame Elisabeth, wenn sie in die Schule schwänzelte, ein Gesicht wie ein freundlicher, höchst erstaunter Jakobi-Apfel. Und die bösen Buben schrien ihr oft nach:

›Wellano – Italiano – lebst' a no.‹
Neun Kinder hatte der Brotschießer Wellano von der Dombäkkerei, dessen Vorfahren aus dem Italienischen stammten.
Als es an der Zeit war, kam das Lieserl dann zum Eder am Viktualienmarkt in die Lehre und nachher als Verkäuferin ins großmächtige Kaufhaus Tietz.«
Im Jahre 1954 war in den Ulmer Nachrichten in einem Interview mit Liesl Karlstadt zu lesen:
»Wir haben uns 38 Jahre gekannt. Ich begegnete K. V. zum erstenmal im Frankfurter Hof – damals das beste Münchner Volkssängerlokal.
Valentin trat dort als Solist auf, während ich als junge Anfängerin gerade in das Ensemble aufgenommen war, um Komödien zu spielen. Mein Solofach war jugendliche Soubrette: ich sang recht mittelmäßig: ›Ein jeder ruft – hipp hipp hurra, die fesche Mizzi, die ist da...‹. Und ich war stolz auf meine Leistung.
Eines Abends erklärte mir Karl Valentin in der gemeinsamen Künstlergarderobe, ich sei für eine Soubrette viel zu mager, vor allem hätte ich einen viel zu kleinen Busen – und außerdem sei ich viel zu brav und schüchtern; eine Soubrette hätte einfach keß zu sein. Aber er sagte, ich besäße durchaus komisches Talent, und er riet mir, mich aufs komische Fach zu verlegen.
Ich empfand diese Worte als eine ausgesprochene Beleidigung, und meine Verehrung für Karl Valentin war gedämpft.
Später jedoch befolgte ich seinen wohlgemeinten Rat.
Er verfaßte für mich eine Parodie auf eine Soubrette, und ich sang und spielte auf komisch und hatte großen Erfolg.
Damit war unsere Freundschaft besiegelt und aus ihr erwuchs eine jahrzehntelange Partnerschaft.«
An anderer Stelle erzählte Liesl Karlstadt, daß Valentin sie gefragt habe:
»Wia hoaß'n Sie... Wellano? Das is' ein Name für eine Trapeznummer! Für mich heißen Sie ab heute Liesl Karlstadt.«
Bereits kostümiert für seine Solonummer »Schwerer Reiter« stand damals Valentin, der Star der Volkssängertruppe, vor dem Küken des Ensembles, der neunzehnjährigen kleinen Wellano, die mit Begeisterung den Sprung über Konventionen und elter-

liches Zürnen hinweg gewagt und ihre Stellung als Verkäuferin gegen ein Engagement bei den Volkssängern eingetauscht hatte. Die erste Szene, die sie im Jahre 1911 zusammen spielten, hieß »Alpenveilchen oder das Tiroler Terzett«.
Es handelt sich um die Parodie einer bayerischen Gebirgssängergruppe. Diese besteht aus dem Vater, der Bandonium spielt, dem Sohn, der die Zither zupft (Valentin selbst) und der Tochter (Liesl Karlstadt), die singt:

»Und da Vatta hat neulich da Dirn
a Birn aufig'worfa auf's Hirn.
Jetzt tuat da Dirn – s'Hirn weh von da Birn,
denn a so a Birn – spürt ma auf da Stirn.
Drum wirft da Vatta da Dirn – koa oanzige Birn mehr aufs Hirn.«

Darauf singt der Sohn: »I bin a Steirer Bua ...«
Vater: »A Hundsbua bist – daß d'as woaßt!«
Sohn: »Wer is a Hundsbua?« (zieht das Messer)
Vater: »Schamst di' net vor dein'm alt'n Vatern? Glei' spuist weita!«
Ein wenig später muß die Vroni, die Tochter, das Lied vom Edelweiß singen, aber nach vier Zeilen bleibt sie stecken und kommt nicht weiter. Als sie sich später auch noch beim Sammeln zu blöd anstellt, reichts nicht nur Bruder und Vater, sondern auch dem Direktor:
»Was tun denn Sie mit dem Teller?«
Vroni: »Sammeln muaß i! Für den Kunstgesang, wo mir ham!«
Direktor: »Was, Kunstgesang? Des is'a Hundsgesang und da woll'n Sie sammeln? Wer hat Ihnen denn das erlaubt?« Der Direktor verbietet ihr energisch, zu sammeln und sagt: »Da haben Sie einen Brief, den geben Sie Ihrem Vater und dann packen Sie zusammen und verlassen augenblicklich die Bühne.«
An dieser Stelle geschah es einmal im Frankfurter Hof, daß ein Gast die Szene für bare Münze nahm. Daß der »Direktor« mit Kittnase und falschem Bart zu den Mitspielern gehörte, sah jeder – bis auf einen: der übersah aus sozialer Empfindung die Schminke und den aufgeklebten Schnauzbart. Er wandte sich an den »Direktor« mit den Worten:

»Sie mit Eahnan vollg'freßna Bauch verdeana freilich Eahna Geld leichter – Sie hab'n Ihr'n fest'n Gehalt. Schamas Eahna, Herr Direktor! Leb'n und leb'n lass'n! – Da Deandl ... hast a Markl! Samm'lts nur weita!« –
Damit hatten sie nicht gerechnet. Sie konnten an diesem Abend die Szene vor Lachen nicht mehr zu Ende spielen.

Ich habe Liesl Karlstadt in ihrer Wandlungsfähigkeit als Schauspielerin immer bewundert. Ob sie einen Lausbuben oder einen Kapellmeister, ob sie ein dantschig's Militärg'schpusi oder eine kleinbürgerliche Ehefrau mimte – sie war echt.
Ernst Penzoldt schrieb einmal über sie: »... Nicht vergessen sei Valentins ebenbürtige Partnerin, die Liesl Karlstadt; ohne die er und sie ohne ihn, nicht zu denken ist. Denn seine Szenen sind im eigentlichen Sinn ›Duodramen‹. Eine so ideale künstlerische Konstellation ereignet sich selten, daß man hier von Fügung sprechen darf.«
Josef Müller-Marein schrieb einmal in einem Aufsatz »Das Genie Karl Valentin und seine liebe Liesl Karlstadt«:
»Karl Valentins Szenen und Dialoge, Vorträge und Sketsches sind alle in der Improvisation entstanden; und es ist sicher, daß die Liesl, als sie das ›Valentinische‹ einmal begriffen und in ihr liebes, heiteres, zärtliches Wesen aufgenommen hatte, nicht weniger als Karl Valentin selber an diesen Produktionen beteiligt war. Und wenn einmal etwas aufgeschrieben werden mußte, so tat sie es.«
Zweifellos verdanken beide einander sehr viel. Doch Karl Valentin wäre sicher auch ohne Liesl Karlstadt der Valentin geworden. Liesl Karlstadts Originalität hingegen hat sich erst an ihrem Partner entzündet. Durch ihn erst wurde sie Valentins unübertroffene Partnerin; unsere Liesl Karlstadt! Daß sie dafür alle Voraussetzungen mitbrachte, kam beiden zugute.
Sie war ein Naturtalent und auch eine Meisterin der Improvisation und war sicher auch im Alltag schlagfertig, drollig und voller Charme. Liesl hatte ein Gespür für komische Situationen und Gespräche und brachte mancherlei Anregungen mit. So wurde ihr auch vertraglich in fünfundzwanzig großen Komödien ein Miturheberrecht zugeschrieben.

Ebenbürtig war Liesl Karlstadt ihrem Partner als Darstellerin, der Inspirator und Former aber war – Karl Valentin.
Papa hat *geschrieben* soweit ich zurückdenken kann. Dazu brauchte er keinen Alkohol und keinen Bohnenkaffee – und auch keine faulen Äpfel. Er setzte einen Satz auf's Papier und hatte noch keine Ahnung, was daraus werden sollte. Und am Ende wurde daraus eine Komödie.
Ein andermal hatte er einen guten Schluß geschrieben und als ich ihn fragte, zu welchem Stück denn der Schluß gehöre, meinte er: »Des woaß i no net ... des muaß ma erst einfall'n!« Und es fiel ihm ein.
Papa schrieb nicht am Schreibtisch – er schrieb meistens im Bett, wo er entweder seinen Inhalationsapparat in der Hand hielt oder den Bleistift; so vertrieb er sich die Nächte, wenn ihn das Asthma wachhielt. Und sein Premierenpublikum waren Mama und ich.
Daß auf den Proben geändert und gefeilt wurde, ist bekannt. Die Stücke wurden auch noch *nach* der Premiere drei- bis viermal umgeschrieben. Wenn auch das Beste ziemlich festgehalten wurde, so wurde doch auch laufend improvisiert.
Ein Orchestermusiker vom Deutschen Theater unterhielt sich einmal mit Papa:
»Herr Valentin«, sagte er, »als Grock bei uns war, hab' ich am ersten Abend gebrüllt vor Lachen. Am andern Tag hab' ich mir den Bauch gehalten, so mußte ich lachen! Am dritten Tag ... habe ich gelacht. Am vierten ... gelächelt und dann nur mehr geschmunzelt. Er ist großartig! Einmalig! Aber immer derselbe! Bei Ihnen ist das anders: Ihnen hab' ich dreißig Abende zugehört – weil Sie nie gleich sind!« –
Sicher war es seine Liesl, die ihn auf der Bühne immer wieder – mit Geschick – zu dem erprobten Text hinleitete. Sie blieben Partner, auch wenn sie mitunter in Solostücken auftraten, die mein Vater ebenso für die Karlstadt wie für sich selbst schrieb.

20

Im Jahre 1908 versuchte es Papa zum ersten Mal bei Benz. Hier trat Karl Valentin »ab« anstatt »auf«.
Herr Benz ließ sich nämlich vorsichtshalber Papas Originalcouplet kurz vor seinem Auftritt vorsingen, was ihm zum Verhängnis wurde.
Es betitelte sich

»Was man alles machen kann

Aus Kuhhaut macht man Leder – Aus Leder macht man Schuh,
Die Schuh, die macht der Schuster – Die Kuhhaut macht die Kuh.
Gelegenheit macht Diebe – Das weiß doch jedermann,
Und das, was man aus Liebe macht – Geht niemand etwas an.

Die Übung macht den Meister – Die Kleider machen Leut',
Der Kellner macht die Rechnung – Und das macht dem a Freud'.
Der Pfarrer macht die Predigt – Der Schreiber s'Protokoll,
Der Schneider macht die Hos'n – Und mancher macht sie voll.

Aus Dummheit macht man manches – Was man sonst nicht leicht macht,
Das Bauchweh macht Beschwerden – Und zweimal vier macht acht.
Sago macht saure Suppen – Schlemmkreide schöne Zähn',
Die Milch macht rote Wangen – Und s'Reiten krumme Been'.

Der eine macht a G'schäft auf – Und macht a G'schäft im Nu,
Der andre, der macht auch auf – Und macht gleich wieder zu.
Das Feuer macht die Wärme – Das Wasser, das macht naß,
Der Zaub'rer, der macht Kunststück – Der Komiker macht Spaß.

Das Glück macht übermütig – Das Unglück, das macht klein,
Der Hafner macht das Haferl – Das Kind, das – *schaut* hinein,
Der eine macht an Treffer – Der andre, der macht nix,
Da kann ma halt nix mach'n – Das macht die Macht des Glücks.

Der eine macht es ruhig – Der andre macht an Krach,
Und was der eine vormacht – Das macht der andre nach.
Der macht a Hochzeitsreise – Machts nach Venedig hin.
Sie sehen, ich mach keine – Weil ich noch ledig bin.

Bei einem macht's der Name – Wenn er etwas gemacht,
Beim andern macht's Reklame – Beim dritten machts die Kraft.
Die vierte macht an Dichter – Der macht schnell ein Gedicht,
Das Zahng'schwür, das macht Schmerzen – Und macht a g'schwollnes G'sicht.

Das Singen, das macht heiser – Die Medizin macht g'sund,
Und wer kein'n braven Menschen macht – Der macht an Vagabund.
Sie machen fade G'sichter – Das macht g'wiß mein Couplet,
Drum mach ich für heut' nichts mehr – Und mach jetzt, daß ich geh!«

Das war ein Zungenfertigkeits-Couplet, wie sie früher in Mode waren.

Als der junge Komiker Karl Valentin sang: »... Der Hafner macht das Haferl – das Kind, das – *schaut* hinein...«, schrie ihn Papa Benz an:

»Was fällt Ihnen ein, bei meinem Elite-Publikum solche Schweinereien! Schluß damit!«

Die andern zwei Vorträge, die Papa noch auf Lager hatte, verschwieg er. Er hatte ja für den Anfang ohnehin schon das Dezenteste ausgewählt. Es kam zu keinem Engagement.

Papa war schon überglücklich, daß er bei Benz probesingen durfte – in einem Hause, in dem ein Karl Maxstadt, ein Papa Geis sowie die prominentesten Berliner Variétéstars gastierten.

Dieser Reinfall konnte Karl Valentin nicht einschüchtern. Bereits im Juni 1908 hieß es in einem Inserat der Singspielhalle Wien-München im Hotel Wagner:

»Karl Valentin, Münchens populärster Humorist, mit vollkommen neuem Repertoire...«

Ein Glanzstück seiner Soloauftritte war der »Schwere Reiter«.

Mit dieser Nummer versuchte es Papa 1911 abermals bei Benz.

Diesmal war es die große Trommel, die Herrn Benz schockierte. Also, dann eben ohne Trommel. Er ritt auf die Bühne per Holzpferd, blies dazu den großen Bombardon und sang zwei Monate lang zum allgemeinen Gaudium:

»Der Schmuck vom Deutschen Reich, das ist das Militär,
Wir kommen stramm daher – besonders i.
Und wenn a Krieg bricht aus, ziehn wir ins Feld hinaus,
Da hau'n mir g'hörig zua – besonders i.
Refrain:
I bin der schönste Mann von der ganzen Kavallerie,
I bin zwar dürr als Kürassier – konn nix dafür – hallo!
Chor:
Das ist der schönste Mann von der ganzen Kavallerie,
Er ist zwar dürr als Kürassier – konn nix dafür – hallo!

Und beim Manöver drauß, da war'n mir einquartiert,
da ham mir rumpoussiert – besonders i.
A jede Bauerndirn tat sich in uns verliab'n,
denn mir san guat beinand – besonders i.
Refrain: wie oben
Chor: wie oben

Bei uns in der Kasern, da gibt es viele Flöh',
die beiß'n uns, o je – besonders mi.
Den Viecherln schmeckt ganz guat wohl das Soldatenbluat,
drum zuzeln's uns ganz z'samm – besonders mi.
Refrain:
Denn i bin der Vollblütigste von der ganzen Kavallerie,
I bin zwar dürr als Kürassier – konn nix dafür – hallo!
Chor:
Er ist der Vollblütigste von der ...« usw.

Zwischen jeder Strophe eine komische Reiterei mit dem Holzpferd, wobei die Musik den Anfang eines Militärmarsches spielt. In dieser Maskerade, als Militarist, wurde Karl Valentin zum Hauptmann von Köpenick in der Westentasche.
Das kam so: »Der Großherzog von Hessen war 1912 – vielleicht

Der Wirt und Zeichner Ludwig Greiner mit seiner Frau Therese

Valentins »Musikmaschine«, die er selber gebaut hatte und deren 27 Instrumente er selber spielte

Valentin vor einer Bühnendekoration

Modell einer Wasserrutschbahn für das Oktoberfest, von Valentin gefertigt

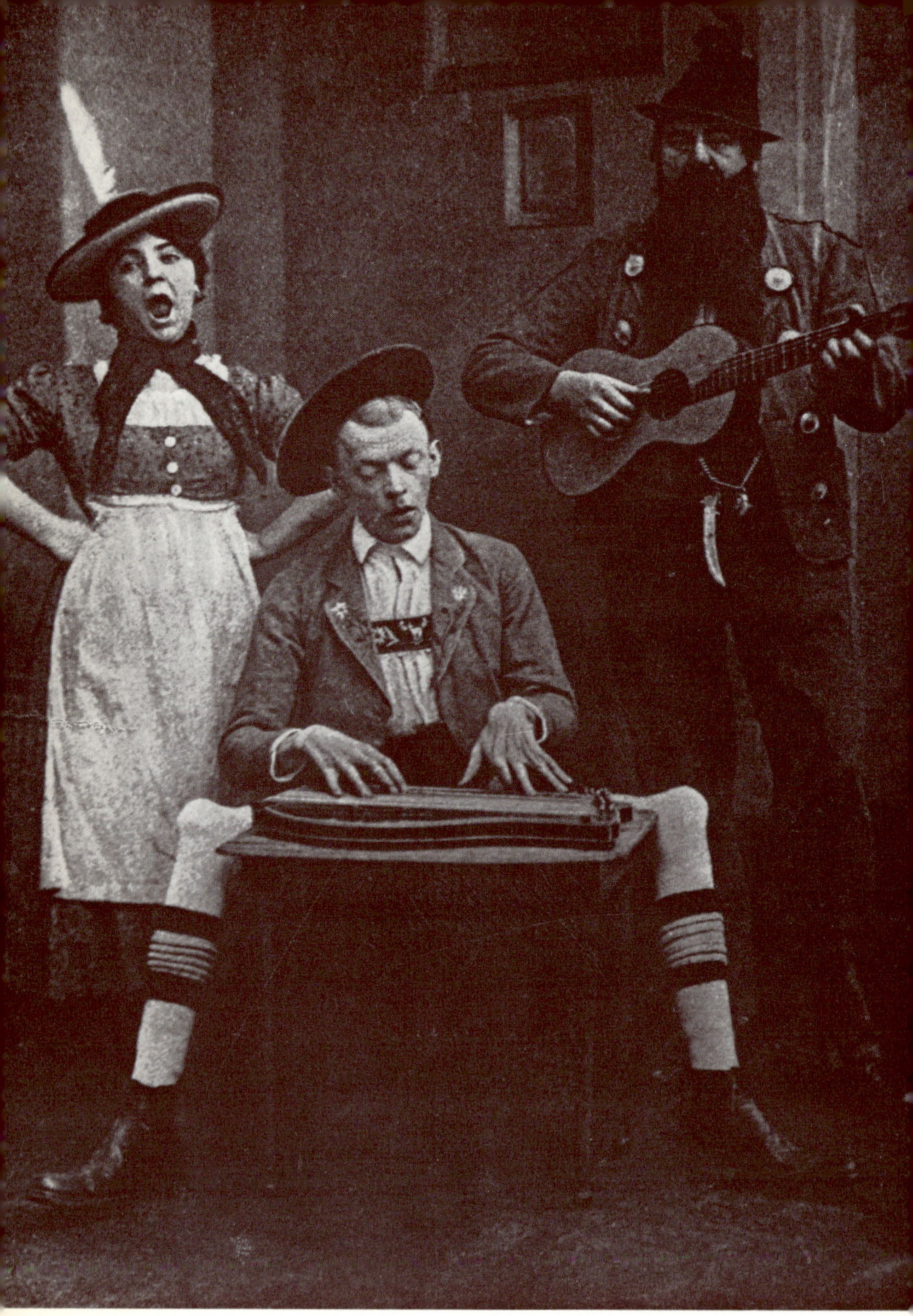

Valentin mit Liesl Karlstadt und Karl Flemisch im »Tiroler Terzett«

auch 1913 – in München zu Besuch. Alle Militärs in Gala. Offiziere mit den bekannten weißen Federbuschen belebten die Münchner Straßen.«
Papa erzählt weiter:
»Ich war damals im Cabaret Benz engagiert und trat abends 10 Uhr als ›Schwerer Reiter‹ auf. Da telefonierte der Besitzer vom Preysing-Palais, ob ich um 11 Uhr als ›Schwerer Reiter‹ bei ihm auftreten möchte. Ich bejahte, nahm einen Wagen und mein weißer Helmbuschen flatterte lustig aus dem offenen Auto heraus. Jeder Wachposten, an dem wir vorbei fuhren, sah in mir einen Offizier – und präsentierte. Anstandshalber machte auch ich meine Honneurs und hatte das Gefühl, ein Monarch zu sein; wenn ich auch keiner war – was ich ganz bestimmt wußte.«

21

1969 war es genau 60 Jahre her, daß der bei allen Münchnern so beliebte Biergarten Zur Rosenau in der Schleißheimer Straße seine Tore für immer schloß. Unter den Klängen großer Militärkapellen, wie Peupus, Keilbert, Högg, Fach, entwickelte sich unter sonnigen Plätzen und einem schattigen Kastanienwäldchen ein lustiges Treiben von jung und alt, in der öffentlichen Tanzremise drehte sich die tanzwütige Welt, und ein bekannter Münchner Ausdruck war damals: »Wo gehst'n hi, Xade?«
Xade: »Zum Linksumdrahn in d'Rosenau obi.«
War die Rosenau auch nicht der Treffpunkt der oberen Zehntausend, der sogenannten »haute volée«, so waren das Familienpublikum und hauptsächlich das Militär sehr zahlreich vertreten. Fast alle Waffengattungen: d'Leiber, d'Schwaaren, d'Artillerie, d'Schwolli, d'Fuasser – womit das Leibregiment, die Schweren Reiter, die Artillerie, die Chevaulegers und die Infanteristen gemeint waren. Aber niemals konnte man an einem Tisch mehrere Waffengattungen zugleich antreffen, denn unter denen bestand eine nie zu schlichtende Rivalität, jede war der anderen ein Dorn

im Auge, die Leiber haßten die Schweren, die Schweren konnten die Kanonenbläderer (Artillerie) nicht riechen, viel weniger sehen, die Schwolli hatten einen Mordsbug auf die Traina und die Fuasser konnten die »Goaßböckler« (Reitenden) nicht ausstehen. Wehe der Köchin oder dem Herrschaftszimmermädchen, dem Soldatenliebchen, das es gewagt hätte, in Gegenwart ihres Galans, des Infanteristen Huber Michä, den nächsten Frasä (Française) mit einem Schwolli zu tanzen, wehe dieser Maid! Und der Infanterist hub an zu sprechen: »Ja, du Nassl, hob de i in d'Rosenau obagschleppt oder der greane Salatgigerl? Tua di fei no oamol vergessen, na hau i di mit der flachen Hand in Erdboden eini, daß de als Toda ausschaufeln müssen, du odrahte Schlawinaschuxn, du greisliche, und eahm wer i auf mei Seiteng'wehr spießen und als Steckerlfisch brat'n.«

Kein Sonn- und Feiertag verging, ohne daß sich in der Rosenau nicht etwas »gerührt« hätte – wie der Münchner damals »Rauferei« nannte. Aber trotzdem überdeckte die Gemütlichkeit alles andere. Das gute Bier der Vorkriegszeit trug natürlich wesentlich dazu bei. Angrenzend an den Wirtschaftsgarten befanden sich einige Schaustellerbuden, Karussells, Schiffschaukeln und dergleichen. Die schrillen Orgeln leierten die aktuellsten Schlager wie »Schaffner, lieber Schaffner« – »Ist denn kein Stuhl da« – »Mein Herz, das ist ein Bienenhaus« – »Lebt denn mei Mali noch?«

Valentin schrieb später:

»In meiner Erinnerung sehe ich noch einen Mann auf einem kleinen Podium stehen mit einem feinpolierten kleinen Kästchen, aus diesem führten ungefähr ein Dutzend zweimeterlange Gummischläuche in die Ohren von einem halbdutzend Personen – es war dies die neueste Erfindung, der Edison-Phonograph. Er flüsterte jedem Interessenten um ein Zehnerl das ›Aufziehen der Schloßwache‹ diskret in die Ohren. Heutzutage mußt du dieselbe durch den Lautsprecher anhören, ob du willst oder nicht. An schönen Sonn- und Feiertagen gab es Feuerwerke drunt in der Rosenau und weil ich als Bua anno 1895 aa scho drunt war und mir die Rosenau unvergeßlich blieb, schrieb ich vor zirka zehn Jahren ein Volksstück ›Brillantfeuerwerk in der Rosenau‹, welches wir zirka 400mal im Schauspielhaus, im Kolosseum und im Apollotheater in der Dachauer Straße zur Aufführung brachten. Ich habe schon seit Jahren eine Verfilmung angeregt, aber immer ohne Erfolg; ich habe auch keine Hoffnung – – – vielleicht eine Berliner Firma!«

22

So sehr Papa die Bühne brauchte, so wenig schätzte er es, daß *ich* den Drang zum Theater zu verspüren glaubte.

Er nahm es Dr. Jessner persönlich übel, daß er mich, »sein Mädi«, so weit von ihm wegengagierte. Königsberg war für Papa das Ende der Welt. Wenn ich damals erfaßt hätte, was ich ihm damit angetan habe, ich glaube, ich hätte dieses Angebot abgelehnt. Allein schon die Tatsache, daß er mich, eine erst Zwanzigjährige, ohne elterlichen Schutz so weit fortlassen mußte, machte ihm das Leben schwer.

Unsere Eva, Papas Sekretärin, hat mir kürzlich geschildert, was ich selbst nie erfahren habe: Es kam öfter vor, daß Vater abends nicht auftreten wollte.

»I kann heut net spuin. I kann mi nimmer konzentriern, mir fallt nix mehr ein. I muaß allaweil ans Mädi denken! Wenn dem Kind da droben was passiert! So weit weg! Hätt' mas doch net fortlassen! Eva, telefonier ab! Sag, i bin krank, i kann heut net! Verstehst denn des net?«

Manchmal konnten sie den Vater überreden, Mutter und Eva, aber manchmal auch nicht.

»Am schlimmsten war es«, meint Eva, »wenn Post von dir kam. Einmal kam sein Direktor persönlich zu uns und bat ihn händeringend, er möge doch spielen, das ganze Haus sei ausverkauft. O mei, Mädi, du hattest ja wirklich keine Ahnung, was wir damals mit deinem Vater mitgemacht haben.«

Papa sah mich in Königsberg an allen Todesarten sterben – er war ein großer Hypochonder. Trotzdem brachte er es nicht übers Herz, mich ohne Post zu lassen. Nach außen hin hatte er mir wenigstens vergeben, sonst hätte er mir nicht diesen Brief geschrieben:

»München, den 3. Februar 1932.

Sehr geehrte Tochter!
Anläßlich unseres letzten Beisammenseins in München, am 5. August 31, gestatte ich mir, jetzt die Rechnung für deine Existenz gütigst zu übersenden und hoffe, daß du mit den Preisen einverstanden bist.

Hebammenkosten, bezahlt am 21. September 1910	Mk.	20.–
1 kleine Blechbadewanne	„	6.–
lauwarmes Wasser 6 Jahre lang, tägl. 10 Pfg.	„	219.–
Schwammbenützung, 6 Jahre lang, tägl. 5 Pfg.	„	108.50
1 Wickelkissen und Babyausstattung	„	100.–
Täglich 1 Liter Milch, ca. 6 Jahre lang, Semmelmus	„	438.–
Schmerzensgeld bei Geburt, von Mutter billigst berechnet	„	100.–
Schulzeit:		
Einschreibgebühr	„	2.20
Schultoiletten	„	500.–
Schulbücher	„	90.–
Pause Frühstück		
Pause Nachmittagsstück m. Berücksichtigung von Samstag Nachmittag insges. 1386 Tage	„	29.–
bis zu 21 Jahren tägl. Mittag- u. Abendbrot à 1.–	„	6.550.–
tägl. bis zu ab 10 Jahre 1/2 l Bier à 30 Pfg.	„	1.204.50
Taschengeld von 7–21 Jahr	„	1.000.–
5 x photographieren lassen	„	40.–
Ärztl. Behandlung und 16 1/2 Warzen abätzen rechte Hand	„	120.–

Kirchensteuer	Mk.	200.–
Schulsteuer	„	150.–
Tägl. 1/5 Ltr. Kaffee à 15 Pfg.	„	1.120.–
Monatl. 1/2 Ltr. Wasser – unberechnet	„	–.–
Bubikopf schneiden	„	5.–
Kopfwaschen 6 Jahre lang, wöchentl. Mk. 3.–	„	936.–
Barauslagen für Kino, Theaterbesuch, Bälle etc.	„	3.570.–
Kleidung vom 14.–21. Jahr, pro Jahr Mk. 500.– incl. Wäsche	„	3.144.–
Unterricht Französisch, Englisch, Literatur	„	540.–
Klavier- und Gitarreunterricht	„	700.–
Reise nach Königsberg	„	83.–
Briefmarken und Telephongespräche nach Königsberg	„	150.–
	Mk.	24.625.20
Bezugnehmend, daß du mein eigenes Fleisch und Blut bist, habe ich 10 % Ermäßigung zugestanden	„	2.462.50
	Mk.	22.162.70

Binnen acht Tagen zahlbar, da ich sonst zu meinem Bedauern gezwungen wäre, gerichtliche Schritte zu unternehmen.

Mit vorzüglicher Hochachtung
Karl Valentin«

Zu meiner Schande muß ich gestehen, daß ich Papa diesen beachtlichen Betrag, bei dessen Summierung er sich übrigens verrechnet hat, schuldig geblieben bin. Papa hat aber in seiner Toleranz von einer gerichtlichen Eintreibung abgesehen.

»Nürnberg ist wenigstens nicht aus der Welt!« sagte Papa, als ich ihm mitteilte, daß Dr. Maurach mich ans Schauspielhaus engagierte. Leider auch wieder als Naive. Dabei wollte ich nur ins Charakterfach!

»Mädi, komm wieder nach München!« Und nun machte er mir ein drolliges Angebot:

»Wenn du nicht mehr zum Theater zurückgehst und bei uns bleibst, bekommst du jeden Monat hundert Mark Taschengeld.«
Ich habe nachgegeben, aber nicht des Geldes wegen.
Nun war ich also »berufslos« geworden und nur noch meiner Eltern Kind. Das war zwar sehr bequem, füllte mich aber keineswegs aus.

23

An Eva Friedrich schrieb mein Vater einmal eine Karte mit der Anschrift:
»An Frau Eva, ehemalige Paradiesbesitzerin, München, Mannhardtstraße 7«.
Ob die Zeit bei Karl Valentin für seine langjährige Sekretärin wirklich paradiesisch war?
Sicher war Eva gern bei uns. Sie gehörte zur Familie. Als Mama mich für acht Tage in Königsberg besuchte, mußte sie meine Mutter vertreten.
Wie das zu verstehen war, ist aus dem Gedicht ersichtlich, das Papa an Evas Mann adressierte.
Er betitelt es ganz schlicht und verpflichtend:

»Gelöbnis!

Die Ehefrau ist fortgereist, sie ließ mich ganz allein.
Die Furcht vor einem Asthmaanfall ist der Grund,
Daß ich bei Tag und Nacht behütet werde;
Hilflos – allein – bin ich ein armer Hund!

Die Eva hat sich mir als ›Schwester‹ angeboten.
›Was sagt dein Mann dazu?‹ sprach ich zu ihr.
›Nichts!‹ sagte sie, ›er hat da keine Zweifel.
Auch ich halt' Sie für einen Kavalier!‹

Ja, Kavalier, das will ich sein!
Es wär' zwar schön mit so'ner jungen Frau, doch nein!
O nein! Ich will ein Ritter sein!

Hier hast du wieder deine Frau, so sag' ich,
Wenn die meine kommt zurück.
Die weiß es, daß ich treu geblieben!
Bin doch schon Fünfzig – und das ist ihr Glück!«

Eva: »Freilich war ich gern bei euch, Mädi, aber es war nicht immer ganz leicht mit deinem Vater, der keine Widerrede vertrug. Wenn ich zum Beispiel der Meinung war, daß seine Anweisungen ›gspinnat‹ waren oder zeitlich so gar nicht ins Programm paßten, da mußte ich das ganz diplomatisch abbiegen. Das habe ich im Laufe der Jahre virtuos gelernt, im Gegensatz zu deiner Mutter. Die war immer der Meinung: ›Man wird doch wohl noch sagen dürfen, was wahr ist!‹«
Eva sagte lieber ein Wort zuwenig als eines zuviel. Aber was sie sagte, war überlegt, und das war gut so.
»Einmal hat mich dein Vater gekränkt. Ich weiß heute nicht mehr, um was es ging. Ich weiß nur noch, daß ich nichts erwiderte, ihn aber kühl behandelt habe. Das ist ihm nicht entgangen. Und als ich nach der Mittagszeit zurückkam, lag ein Zettel auf meinem Schreibtisch:
›Eva, wenn du willst, kannst du in Urlaub gehen!‹ Das hat mich gefreut und amüsiert zugleich.
›Ausgerechnet ich habe eine Sekretärin, die fast nie über meine Manuskripte lachen kann!‹ Der gute Herr Valentin hat nur eines übersehen, nämlich, daß ich jedesmal einen Kampf mit seinen Hieroglyphen aufzunehmen hatte. Wenn ich ihn auf der Bühne gesehen habe, mußte ich immer Tränen lachen! Ein andermal kam er ins Zimmer mit einem seitenlangen Vortrag in der Hand, der mit einem kleinen Bleistift fahrig hingekritzelt war, und sagte:
›Eva, horch, wia gfallt da des?‹ Und er las es mir vor. Aber nur einige Zeilen. Dann übergab er mir den Entwurf mit den Worten:
›Da, lies'n selber, du kannst mei Schrift besser les'n als ich!‹
Eines Tages nahm er mich zum Individualpsychologen mit. Be-

gründung: ›Du kannst dir des besser merken als ich, was der zu mir sagt!‹ Der Professor analysierte meinen Chef nur zu gut: ›Wenn jeder Mensch einen Tisch mit vier Beinen braucht – ein Karl Valentin hätte gerne einen mit drei Beinen! Immer anders als die anderen!‹

Wenn er ein Paket verschnürte, hatte er die Schnur vorher genau abgemessen, nach seiner Meinung, und doch war sie fast immer um einen Zentimeter zu kurz! So etwas ärgerte ihn viel mehr, als wenn er fünfzig Mark verloren hätte.

›Des kann auch bloß mir passieren!‹ jammerte er dann. Wehe, wenn ich da gelacht hätte! Dein Vater wußte genau, wo gelacht werden soll und wo nicht!

Ich weiß noch, daß er 1938 zur Gestapo vorgeladen worden war. Das hatte ihm gerade noch gefehlt! Der Grund war folgender:

Er hatte von der bereits abgerissenen Matthäuskirche in der Sonnenstraße ein Foto ausgestellt. In dieser Kirche war er konfirmiert worden, und er wollte halt seinen Münchnern nochmals zeigen, wie die Matthäuskirche ausgesehn hatte. Das war alles. Doch die Gestapo glaubte, hier ihres Amtes walten zu müssen, und beorderte Herrn Karl Valentin in das Wittelsbacher Palais in der Brienner Straße, wo sie residierte. Wie deinem Vater damals zumute war, kannst du dir ja vorstellen.

Man sagte ihm am Telefon nur, er habe sich umgehend bei der Gestapo einzufinden. Weshalb, das erfuhr er erst später. Er überlegte nun hin und her, was er wohl verbrochen haben könnte oder ob man ihm einen Witz aufgebunden habe, der das Regime ernstlich verletzt haben könnte.

Es waren qualvolle Stunden für ihn, bis ihm eine gute Idee kam. Er ließ sich mit dem ›Verein‹ telefonisch verbinden und erklärte ihnen:

›Wissens was, kommens doch zu mir, in meine Wohnung; sonst heißt's morgen schon in ganz Münch'n, daß da Valentin verhaftet word'n is. Ich schick Ihnen meine Sekretärin mit'm Taxi hin, die soll Ihnen dann zu mir bringen, net!‹

Hier hatte er nun wirklich einen Hintergedanken. Er sagte zu mir:

›Eva, horchst halt hin, um was's geht und dann gibst mir an Wink. Verstehst?‹

Ich versuchte nun krampfhaft, die Herren ins Gespräch zu bekommen, aber sie waren verschwiegen wie das Grab. Nichts war es mit Wink geben.

Dein Papa hat sich schon im Konzentrationslager landen sehen. Erst in der Wohnung erklärten ihm die ›Herren‹, daß es sich um das Foto handle und was er sich eigentlich dabei gedacht habe. Er konnte sie aber – Gottseidank – davon überzeugen, daß das keine Provokation war. Damit war der Fall ausgestanden.

Ja, Mädi, da fällt mir noch eine Geschichte ein. Zwar keine so aufregende, aber … ich möchte eher sagen: ein strapaziöses Erlebnis:

Erich Engels, der Filmregisseur, mit dem dein Vater schon einige Filme gedreht hatte – z. B. ›Donner, Blitz und Sonnenschein‹, ›Kirschen in Nachbarsgarten‹, kam einmal persönlich zu uns.

Und dieser Erich Engels wollte deinen Vater wieder für einen neuen Film interessieren, aber er hatte gar keine Lust mehr, in fremden Filmen mitzuwirken. Er sah Herrn Engels kommen und verließ gerade noch rechtzeitig die Wohnung. Wie ein schuldbewußter Lausbub versteckte er sich im Speicher und wartete. Engels hatte Zeit! Er saß im Wohnzimmer und hatte sich vorgenommen, Herrn Valentins Rückkehr abzuwarten.

Nach etwa eineinhalb Stunden wurde deinem Vater das Warten im Speicher aber zu langweilig, und er schlich sich leise in den zweiten Stock hinunter. Ganz sacht öffnete er die Wohnungstür und ging am Wohnzimmer, wo man auf ihn wartete, vorbei, in die Küche. Hier mußte er nun noch eine gute halbe Stunde sitzen, bis Engels endgültig des Wartens überdrüssig wurde. Er entschuldigte sich, daß er leider nicht mehr länger warten könne; er würde aber versuchen, Herrn ›Walentin‹ telefonisch zu erreichen. Auch darin zeigte er viel Ausdauer, wenn auch ohne Erfolg.

Dein Vater ging nämlich die folgenden Tage nicht mehr ans Telefon und ich mußte, wie ein Papagei, mein Verslein runterplappern: ›Nein, Herr Valentin ist wieder nicht zu Hause. Aber Sie wissen doch, daß Herr Valentin nur seine *eigenen* Manuskripte verfilmen will! Nein, ich weiß leider nicht, wann er zurückkommt. Auf Wiederhören!‹

Ich hab auch meine Gaudi g'habt im Hause Valentin. Da wollte mich doch dein Vater einmal hypnotisieren. Er hielt mich für ein

todsicheres Medium und ich tat so als ob. Ich machte ihm und mir den Spaß:
Ich konnte die Hände nicht mehr auseinandernehmen, ich konnte meinen Namen nicht mehr sagen und ich konnte auch keinen Schritt mehr gehen! Alles habe ich brav mitgemacht. Doch als mir dein lieber Vater eine Zwiebel in den Mund stecken wollte mit den Worten:
›Da, schau her! Dieser wunderschöne Apfel! Der ghört dir!‹, da protestierte ich energisch und sagte:
›Naa, Herr Valentin, der gehört schon Ihna! Alles was recht is! Jetzt mag i nimmer!‹
Dein Vater erfaßte sehr schnell, daß *er* diesmal zum Narren gehalten wurde, nahm es mir aber nicht krumm und lachte mit.«

24

Frau Friedrich hatte einen Nachfolger. Auch dieser tippte für Papa und versuchte sich im Entziffern seiner Lettern. Es war Herr Adalbert Lobinger. Herr Lobinger ist Münchner, von Beruf Kaufmann und eines seiner Hobbys galt dem Theater. Er hatte sogar einen Theaterverein gegründet, der in den zwanziger Jahren in hoher Blüte stand.
Auf seiner »Emeska-Bühne« – so hieß sein Theaterverein – hat er vornehmlich Valentin-Szenen zur Aufführung gebracht, wohlweislich mit Genehmigung des von ihm so sehr verehrten Autors. Zusammen mit seiner Partnerin Liesl Karlstadt hat mein Vater verschiedene Vorstellungen angesehen, aber – was typisch für Papa war, aus dem Hintergrund. »Es braucht mi neamads sehn!«
Herr Lobinger selbst versuchte sich in der Rolle des Musikers Zirngibel (der Rolle meines Vaters im »Vorstadt-Theater«), und er ist stolz darauf, oft gesagt bekommen zu haben, er sei eine gute Kopie Karl Valentins.
In seinem Verein, den er mit Umsicht jahrelang geleitet hat, sind im übrigen manche Künstler aufgetreten, die inzwischen zu

Rang und Namen gekommen sind: Ludwig Schmid-Wildy, Alexander Golling, Michl Ehbauer, Alfred Pongratz, Josef Rankl und andere.
Adalbert Lobinger verehrte Valentin und seine Partnerin, die Karlstadt, auf seine ganz spezielle Weise.
Nie versäumte er eine Premiere, ob sie im Annenhof, im Serenissimus, im Germania-Brettl, im Apollo, in den Blumensälen, im Kolosseum oder im Deutschen Theater war – Adalbert Lobinger fehlte nie. Es ist begreiflich, daß er bei so viel Begeisterung für das Künstlerpaar Liesl Karlstadt auch privat kennenlernen wollte.
Das gelang ihm nach der ersten Aufführung vom »Photo-Atelier« im Apollo. Hier faßte er den Entschluß, in die Theater-Garderobe vorzudringen. Papa lud ihn ein, mit ihm und Liesl Karlstadt gemeinsam noch irgendwo ein Glas Wein zu trinken. Als Lobinger sich verabschieden wollte, sagte Vater:
»Warten S', bis mir genga! I lass Eahna hoamfahrn! Wo wohnen S' denn?« – »Was? In da Grasserstraß? Ah – i woaß scho – des is die Straß, die über d'Hackerbrück'n führt – de hätt ich scho amal kaufen könna! Aber i hab's net gnomma, weil i koan Platz dahoam g'habt hätt!«
Herr Lobinger: »Da könnte ich Ihnen noch viel erzählen, was ich so alles mit Ihrem Vater erlebt habe! Und ich habe nichts vergessen – –«
Ich habe ihn gebeten, wenigstens etwas davon aufzuschreiben. Er hat es getan:
»Ich erlebte Karl Valentin zum erstenmal im Frankfurter Hof, wo er unter anderem seine ersten Soli, wie ›Das Aquarium‹, ›Die Uhr von Loewe‹ und seine ›Romanze in c-moll‹ brachte. Damals wirkte Liesl Karlstadt im Ensemble der Volkssänger-Gesellschaft im Frankfurter Hof unter ihrem bürgerlichen Namen: Elisabeth Wellano. Sie war hauptsächlich in Komödien eingesetzt.
Bald darauf erlebte ich Karl Valentin und Liesl Karlstadt zusammen mit dem Münchner Komiker Karl Flemisch in der später klassisch gewordenen Szene: ›Alpensänger-Terzett‹.
Im Jahre 1915 suchte ich die beiden Künstler im Hotel Wagner (früher Hotel Trefler) in der Sonnenstraße auf. Sie spielten in dem im Tiefparterre gelegenen Varieté-Saal Wien-München.

Hier entstand Karl Valentins berühmt gewordenes Theater in der Vorstadt, das damals noch Vorstadt-Tingel-Tangel hieß. Das mußte man miterleben! Das kann man nicht beschreiben, auch nicht nacherzählen! Das war ›ganz großes Theater‹!

Und was Autoren, die später über Karl Valentin und Liesl Karlstadt schrieben, meist nicht wissen: damals war der Kapellmeister nicht, wie von den zwanziger Jahren ab, die Liesl Karlstadt – sondern der Komiker Karl Flemisch. Die junge Karlstadt saß als kleiner Musiker neben Karl Valentin (Musiker Zirngibl) im Orchester. Viele einmalige Dialoge, die zwischen den dreien – Valentin, Karlstadt, Flemisch – gewechselt wurden, sind mir unvergeßlich. Ich befürchte fast und bedaure es unendlich, daß diese Gespräche nicht lückenlos erhalten blieben.

Innerhalb dieser Tingel-Tangel-Varieté-Vorstellungen war Liesl Karlstadt in den verschiedensten Solo-Szenen aufgetreten, als Piccolo, Soubrette, Schusterbub, Frau Kapellmeister usw.

Was hier an improvisierten Wortgefechten entstand, war zwerchfellerschütternd. Dieses Vorstadt-Theater in allen Variationen und unerschöpflichen valentinischen Einfällen war von 1915 bis 1917 im ständigen Programm von Wien-München.

Karl Flemisch's Kapellmeister – von ihm prächtig dargestellt – wurde später von dem Münchner Volksschauspieler Otto Wenninger abgelöst; ein wunderbarer Charakterdarsteller, der zu früh verstarb.

Die späteren Vorstellungen dieses Vorstadt-Theaters – viele, viele Jahre danach – wurden als reines Theaterstück dargeboten, wogegen ich es damals, noch ein improvisierter Vorgang zwischen Bühne und Orchester, als wirkungsvoller und natürlicher empfunden habe.

Einmal habe ich Karl Valentin sehr verärgert. Und ausgerechnet mir mußte das passieren! Er gastierte da im neueröffneten Cabaret Kammer-Brettl, das im Restaurant Koller-Garten in der Schwanthalerstraße etabliert war. Das ›Alpensänger-Terzett‹ stand auf dem Programm. Ich saß mit meinen Bekannten ganz vorne an der kleinen Bühne und genoß die reizende, mir wohlbekannte Szene. Ich hatte sie ja schon oft gesehen, daß ich den Text hätte soufflieren können. Und da geschah etwas, was mir Valentin schwer verübelte: In meiner Begeisterung nahm ich ihm eine Pointe vorweg, indem ich wohl etwas zu laut seinen Text zitierte: ›Der Brief is ja mit da Dampfmaschin' gschriem!‹ Valentin warf mir einen vernichtenden Blick zu und schrie mich von der Bühne herab an: ›Wenn Sie's besser wissen wie i, dann spuin Sie's selber!‹ Ich sah meinen Fehler sofort ein, es war mir sehr peinlich. Das Publikum hat zwar spontan gelacht, es glaubte wohl, auch das gehöre zu der Szene.

Nach der Vorstellung suchte ich Valentin in seiner Garderobe auf und entschuldigte mich, so gut ich es vermochte. Die Liesl Karlstadt fühlte meine große Verlegenheit und legte gute Worte für mich ein, für die ich ihr insgeheim von Herzen dankte. Valentin verstand in solchen Dingen keinen Spaß. Ich ließ es mir zur Warnung sein und folgerte daraus, daß man auch seine Begeisterung zu zähmen hat!

Die Zeit heilt bekanntlich Wunden, und so hat auch Karl Valentin den Vorfall vergessen und mir verziehen.

Eine ganz neue Ära brach nun an: Ich wurde Karl Valentins Privatsekretär. Und bekam sogar einen eigenen Titel: ›Persönlicher Adjutant!‹ Das paßte zum ›Tausendjährigen Reich‹.

Karl Valentins Schreibkraft war anderweitig verpflichtet worden, und in meiner großen Verehrung für den Meister bot ich ihm nur zu gern meine Mithilfe an. Die Veranlasserin war natürlich Liesl Karlstadt.

Meine Arbeit erstreckte sich hauptsächlich in die Zeit des zweiten Weltkrieges bis zu meiner Einberufung ins Feld. Als ich Ende 1946 aus der Gefangenschaft zurückkehrte, bat mich Valentin um weitere Mitarbeit. Es war dann in seinem lieben Häuserl in Planegg, das ihm in der turbulenten Zeit zur Zuflucht geworden war.

Während des Krieges kam ich etwa zweimal wöchentlich in seine Münchner Wohnung am Mariannenplatz. Ich half ihm gern, denn diffizile schriftliche Arbeiten lagen ihm nicht. Dazu war er zu nervös. Ein Telefonanruf: ›Herr Lobinger, ich hätt wieder was ganz Wichtiges zum Schreiben! Kannten S' net kumma? Wenn ich auch manchmal was anderes vorhatte, ich kam, bei Regen, Sturm oder Schnee, bei tiefster Verdunkelung, ich kam.

Sein Wohn- und Arbeitszimmer strahlte eine besondere Atmosphäre aus. Es war anders als bei anderen Leuten! Ganz anders!

Valentinsch eben. Und schon an der Wohnungstür stellte man fest, daß man nicht bei Huber und nicht bei Meier war, sondern bei Karl Valentin! Außen stand auf dem Türschild: ›Fey‹, an der Innenseite an der gleichen Stelle: ›Karl Valentin‹. ›Damit wir herinna a wissen, wia mia hoaßen!‹

Geschrieben hat er nur mit einem zwei bis drei Zentimeter langen Bleistiftstummel (›mit einem größeren Bleistift tat ma nix einfalln!‹), und seine kuriosen Ideen brachte er fast ausschließlich auf Zeitungsrändern und alten Kuverts zu Papier, im Mund einen erkalteten Zigarrenstummel. Es gehörte schon eine große Einfühlungsgabe dazu, sein Geschriebenes zu entziffern. So hatte ich manche Rundfunkszene ins Reine geschrieben, nicht *einmal*, nein so oft, bis es ›in Ordnung‹ war, denn beim Durchlesen fiel ihm immer wieder was Neues ein.

Ich ordnete ihm auch seine Couplet-Sammlung, die Valentin mit viel Liebe, Sorgfalt und unendlicher Geduld umhegte und während des Krieges im Luftschutzkeller in Kisten unterbrachte. Seine besondere Verehrung, und das wohl seit Beginn seiner Bühnenlaufbahn, galt dem erfolgreichen Gesangshumoristen Karl Maxstadt, von dem er das gesamte Repertoire besaß. In der Erinnerung an diesen großen Könner taufte er seine Partnerin Elisabeth Wellano in Liesl Karlstadt um!

›Herr Lobinger, heut ham ma vui und was ganz Wichtigs zum Schreib'n‹, teilte er mir am Telefon mit. Als ich ankam: ›Heut schreim ma nix! Heut spui i Eahna auf da Zither was vor. Und nacha gehn ma noch ins Ketterl.‹ Das war eine einfache Bierwirtschaft ganz in der Nähe.

Als ich gerade eifrig auf der Maschine tippte: ›Geh' möcht'ns net so guat sei und in d'Küch nausgehn und dera Frau sagn, de wo bei mir wohnt (seine eigene Frau), sie möcht mir a Limonad reinbringa.‹

Einmal begleitete ich Valentin in eine Buchhandlung. Man erkannte ihn, und schon war er valentinisch. ›Sie Fräulein! Ham Sie auch Kochbücher?‹ ›Selbstverständlich! Wir führen das Regensburger Kochbuch, die Wiener Mehlspeisenküche und auch das Kochbuch für Drei.‹ ›Ja! Das ist das Richtige! Des gebens ma – – aber zwei Stück!‹ ›Wieso gleich zwei?‹ ›Ja, wissens, wir san ja sechs Personen!‹

Ich erinnere mich auch noch an einen ›wissenschaftlichen‹ Dialog zwischen Karl Valentin und Liesl Karlstadt: ›Du Valentin, wo kommen dann eigentlich die Wellen im Starnberger See her?‹ Valentin: ›Paß auf, das ist so: Wenn das Wasser recht kalt ist, erkälten sich die Fisch und müssen sehr viel husten. Durch diese Erschütterung des Wassers entstehen an der Oberfläche des Sees die Wellen.‹ Die Karlstadt blieb so ernst wie er, als sie seine Erklärung mit ›Aha!‹ quittierte.«
»Herr Lobinger, Sie war'n doch auch mit Henny Porten befreundet, und Sie wollten mir in Verbindung mit der Porten noch etwas von meinem Vater erzählen?« Und Adalbert Lobinger erinnert sich:

»Das war im Dezember 1940. Henny Porten hatte Aufnahmen in Geiselgasteig zu ihrem Film ›Komödianten‹. Am zweiten Adventsonntag hatte ich zwei Damen zum Kaffee eingeladen: Henny Porten und Liesl Karlstadt. Die beiden wollten einander kennenlernen, und ich freute mich, daß dies bei mir zustande kam. Nachmittags 3 Uhr. ›Um 5 Uhr holt mich der Valentin ab‹, sagte die Karlstadt. ›Er hat Angst, daß mir bei der Verdunkelung etwas passieren könnte. Wir sollten außerdem nicht viel Aufhebens machen von seinem Kommen, des mag er net.‹ Ich empfing Herrn Valentin auf die schlichteste Weise und bat ihn abzulegen. ›Na, des Sach nimm i scho ins Zimmer mit nei. Da heraus kunnts ma gstohln werdn.‹ Ich führte ihn ins Wohnzimmer, wo ihm Henny Porten mit ausgestreckten Händen entgegenkam: ›Herr Wallentin! Wie freue ich mich, Sie kennenzulernen!‹ Sie versuchte seine Hand zu fassen. Er streckte ihr aber nur zwei Finger entgegen – eine Gewohnheit von ihm – und antwortete: ›Ich schreib mich Valentin mit Vau! Es heißt ja auch nicht: Ein Reich, ein Wolk, ein Führer!‹ Henny Porten lachte. Zuerst zog Valentin recht umständlich die gestrickten Pulswärmer aus und stülpte sie bedächtig über die Kante des Ofenschirms, der pelzgefütterte Winterstutzer mußte auch noch in der Nähe des Ofens untergebracht werden. ›... daß's mi net friert, wenn i wieder geh!‹ Den obligaten ›Goggs‹ (Hut) hängte er an die Türklinke. Dann tat er, als wollte er die Schuhe ausziehen. Doch die Karlstadt verwehrte ihm das: ›Geh, so wird's di doch net friern, Valentin!‹ Darauf er: ›Passiert!‹ Endlich konnten wir uns an den Kaffeetisch setzen. Valentin nahm ein Päckchen Baseler Lebkuchen aus der Tasche: ›Da hab i Eahnane Töchter a paar Lebkuacha mitbracht. Da kriagate zwoa Mark achtzge von Eahna!‹ – ›Is recht, Herr Valentin! Ich gebe sie Ihnen dann nachher.‹ – ›Was hoaßt nachher? Besser wäre schon gleich!‹ Als Valentin vor seinem Platz die Kaffeetasse sah, fragte er: ›Ham S' koa größere Tass? I mag aa de Tassn net, wo der Henkel auf der rechten Seitn is!‹ Ich war der Meinung, daß er die normalen Kaffeetassen nicht gernhabe und ließ die Suppentasse bringen. ›So! De is recht!‹ Nun nahm er einen Lebkuchen, griff nach der Papierserviette und steckte sie in den Hemdkragen. Inzwischen stellte sich heraus, weshalb Valentin die große Tasse wünschte: er tauchte den Lebkuchen nicht der Länge nach in die Tasse, sondern der Breite nach!

Valentin schien es in meinem Heim zu gefallen, und es will viel bedeuten, daß er sich später ans Klavier setzte und die ersten Takte seines ›Russischen Salats‹ zu spielen begann, mit einem aufmunternden Blick auf Liesl Karlstadt: sie möge das Couplet vortragen. Was auch geschah.

Eine andere Geschichte habe ich von der bekannten Wiener Volksschauspielerin Pepi Glöckner, mit der mich eine langjährige Freundschaft verbindet. Im Jahre 1910 spielte sie im Münchner Volkstheater die ›Förster-Christl‹. Ihre Freundin, Fanny Hirth – die Frau von Georg Hirth, dem Besitzer der Münchner Neuesten Nachrichten, brachte ihr eine Einladung zu einer Abendgesllschaft bei Ludwig Ganghofer, wo namhafte Künstler, wie der Maler Grützner, Ernst von Possart, Gustl Waldau, Konrad Dreher, Leo Slezak und andere zu Gast waren. Pepi Glöckner erzählte mir, daß der Valentin damals ganz allein und verschüchtert in einer Ecke saß und mit niemandem sprach. Er sollte einige Vorträge mit eigener Zitherbegleitung zum besten geben. Er hatte sich nicht wohlgefühlt in der illustren Gesellschaft, obwohl alles aufgeboten wurde, ihn, den gerade in Mode gekommenen Komiker, aus seiner Reserve herauszulocken. Er war zu keiner Unterhaltung zu bewegen.«

Der Frankfurter Hof in München, ehemals Schillerstraße 49

Monologe

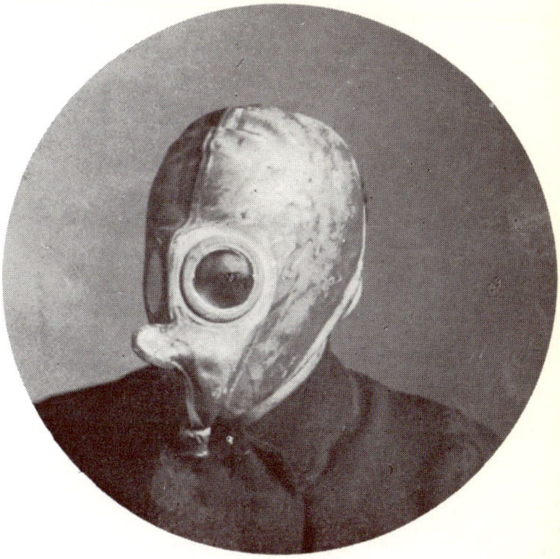

Heroische Masken: Valentin als Ludwig II., Kaiser Wilhelm, Beethoven und Napoleon

Valentin mit Liesl Karlstadt in der Szene »In der Rosenau«

25

Nun zu Ernst Hoferichter. Ein Gelehrter mit einer Künstlerseele! Er wohnte in der Ländstraße in der »Höhle«, wie er sein damaliges Zuhause betitelte. Es war im ersten Stock im Gasthaus Zum Ketterl, wo Papa einige Jahre Stammgast war.
Einmal über die Straße und zweimal um eine Straßenecke – da wohnten wir, am Mariannenplatz Nr. 4. Ein glückliches Geschick brachte mich mit Ernst Hoferichter zusammen, ich studierte bei ihm Graphologie.
Papa äußerte sich Hoferichter gegenüber skeptisch, als dieser ihm eröffnete:
»Na, Meister ..., was sag'n S' jetzt? Ihre Tochter will Graphologin werden!«
»O mei...«, erwiderte Papa, »da kennen Sie meine Tochter schlecht! Sechs Wochen höchstens, dann is' Schluß mit der Begeisterung. Wissen S' ... de fangt alles an. Mei' Mädi wenn heut' in einen Zirkus geht – dann muß i ihr morg'n zwoa Elefant'n kauf'n!« –
Hoferichter war oft in unserer Wohnung. Diese Abende waren hochinteressant – und heiter. Auf seinen Weltreisen hatte Hoferichter, der Schreinersohn vom Viktualienmarkt, viel erlebt. Diese so ganz anderen Welten haben auch meinen Vater begeistert. Hoferichter führte uns in seinen Erzählungen von einem Erdteil zum andern, was Papa nicht davon abhielt, München als das einzig Wahre zu preisen.
Die Gespräche pendelten zwischen Urwald und Isarauen, zwischen der Südsee und dem Kleinhesseloher See. Später einmal besuchte uns Hoferichter in unserem Planegger Haus. Wir gingen in den Garten, Papa blieb auch diesmal keine fünf Minuten sitzen. Ein kleines Asterl störte ihn: »Des Asterl ghört weg! Des is dürr!« Und schon stand er auf seinen langen Beinen, um die Baumschere zu holen. Da zog mich Hoferichter beiseite und erklärte mir als Psychologe: »Siehst, Bertina, die Astln und Äste die ihn am Baum störn, sind in Wirklichkeit seine seelischen Verästelungen. Die kann er nicht entfernen, und darum zwickt er die Astln da droben am Baum ab.«

Er kannte meinen Vater wie kaum ein anderer.
»Die seelische Struktur des 64jährigen« – so schrieb Hoferichter in einem Charaktergutachten – »ist sehr labil. Schon seine Jugend war gekennzeichnet durch eine anlagegemäße Bestimmbarkeit. (Dies geht aus einer zweiten Schriftprobe des 24jährigen Karl Valentin hervor.) Die vorhandene Rührigkeit, der flatternde Ehrgeiz und der Drang nach Äußerung blieben ohne zielsichere Steuerung. In diesem Sturm wurde sein Ich als Mittelpunkt wie eine Windfahne nach allen Himmelsrichtungen gerissen. Es fehlte ihm somit schon von Jugend auf an stark verankerter Vitalität und festem Willen. Er glaubte zu leben – und wurde gelebt! Zum Glück besitzt der Schreiber – also Karl Valentin – nur geringe Willenskräfte. Würde er sich mit Selbstüberwindungen bombardieren, so wäre er längst zum Neurotiker geworden. Dazu ist aber sein Grundwesen zu sehr, bis zum Chaotischen, aufgelockert. Staudämme, Flußsperren und einengende Mauern sind in diesem Charakter sicherlich nicht vorhanden. Sein Ich ist nicht eingesperrt, gedrosselt oder starr angekettet. Ja, es hat im Gegenteil im Lebenshaushalt zuviel Spielraum. Deshalb ist beim Schreiber auch nicht der Schatten geistiger Erkrankung – nicht einmal denkbar.« (Danach hatte mein Vater gefragt, weil er stark an Depressionen litt.)
Hoferichter fährt in seinem Gutachten fort:
»Abkapselungen oder gar Abschnürungen von der Außenwelt sind bei diesem Naturell gerade im Gegenteil vorhanden. Schreiber ist zu sehr nach außen gerichtet, wird von allem, was ihn umgibt, zu stark in Bewegung gesetzt, als daß sein Geist mit krankhafter Isolierung bedroht wäre. Seine schwache Grundlage hatte als Begnadung, daß bei ihm – sozusagen – das Schicksal allein zu entscheiden hatte, was aus ihm werden sollte. Nicht der Schrifturheber war es, der sich sein Dasein so zimmerte, wie es verlief, sondern er selbst wurde von einer Macht außer ihm geformt.«
Und nach dem Tode meines Vaters schrieb Hoferichter in einem Nachruf:
»*Der sterbende Humor*. Ein Humorist von hohen Graden – Karl Valentin – starb an der Humorlosigkeit, die ihn umgab. Er verschied an Herzschwäche oder billig gesagt: an gebrochenem Herzen. Denn Krankheit ist nur ein Vorwand des Schicksals. Die

Erde ist wieder um eine Originalität ärmer geworden, indes das Klischee die Welt zerplättet. Und wehe dem, der noch Spuren von Einmaligkeit in sich birgt! Humor zu haben ist ein seltsames Erleidnis. Valentin hatte nicht den Humor, sondern der Humor hatte ihn!«

Auch er – Ernst Hoferichter – ist von uns gegangen. In einem Nachruf für unseren »Schwager« schreibt Karl Ude:

»Hoferichter war ein sprachschöpferischer Prosakünstler, ein humorvoller Alltagsbeobachter, ein kenntnisreicher Kunstsammler und ein ausübender Schriftgelehrter. Er war öffentlich bestellter und beeidigter wissenschaftlicher Schriftsachverständiger. Was er geschrieben hat, wird hierzulande noch lange nachwirken. Es bleibt aber auch die Trauer um den wahrhaft originalen Menschen, um den Schwager Gustl Waldaus, Arthur Kutschers und Karl Valentins, denn wie jeder dieser drei hat auch er ein einmaliges, liebenswertes und gültiges Stück München dargestellt.«

Einmal läutete es an unserer Planegger Haustüre. Ich öffnete und ehe ich zu Worte kam, rief eine etwas schrille Stimme: »Sie, sagn S', wohnt bei Eahna de Wahrsagerin?« Ich erklärte, daß bei uns keine Wahrsagerin wohne. »Freili wohnt de da. Ich weiß bestimmt; de wohnt in demselben Haus, in dem der Scherenschleifer wohnt.« Mit dem Scherenschleifer war Papa gemeint, die Wahrsagerin – die war ich. Daß Papa kleine Scherchen geschliffen hat, stimmte. Er tat es für Zigaretten. Und ich bemühte mich immer, in meinen graphologischen Gutachten die Wahrheit zu sagen – also doch eine Wahrsagerin!

26

Hier in Planegg habe ich auch geheiratet. Mein Mann wurde von Mama geduzt und von Papa gesiezt.

»I sag' halt *Herr* Schwiegersohn. I kann doch zu einem Offizier net *Du* sag'n! Und außerdem is' er ja koa Bua mehr!«

Und so respektierte einer den andern.

Eines Tages bekam mein lieber Mann folgenden Brief ins Feld geschickt:

»München, den Dreißigsten.
Mariannenplatz, 2. Stock

Lieber Herr Schwiegersohn!
Mein lieber Herr Hauptmann!
Man könnte auch statt Herr Hauptmann Herr ›Kopfmann‹ schreiben, denn statt Haupt sagt man ja auch Kopf.
Seit Beginn dieses Krieges habe ich Ihnen jeden Tag (das sind also soundso viele Briefe) schreiben ›wollen‹. Nun ist aus dem *Wollen* wirklich *Ernst* geworden. Aber auch dieser Brief ist schwer zustande gekommen. Jeder Brief besteht doch aus Papier, und Papier gibt es kaum mehr. Die Bleistifte nehmen wir als Brennholz her, weil es kein Brennholz mehr gibt. Die Schreibmaschine ist immer belegt, weil meine Tochter – Ihre Frau Gemahlin – ihrem Mann täglich zwei bis mehr zehnseitenlange Briefe ins Feld schreibt.
Nun ging ich hurtig mit dem Bleistiftstumpen (Länge 2 cm) ans Werk und schrieb folgenden Brief an Sie, den meine Tochter Berta (sprich Bertl) abtippt.
Der Brief lautet also:
Lieber Herr Schwiegersohn! Nun kommen Sie also bald heim! Daß Sie die Kanone mit dem Federhalter vertauschen dürfen, freut uns alle. Werfen Sie aber Ihre Kanone nicht weg – nur weglehnen, denn man weiß nicht, ob man dieselbe einige Jahre nach dem Krieg wieder brauchen kann.
Die kleine Anneliese, Ihre Tochter, ist schon ein strammes Frauenzimmer geworden. Sie werden damit Ihre Freude haben! Wir lieben sie alle, und trotzdem sind wir herzlich froh, wenn Sie kommen, denn zu dritt können wir sie, wenn sie einen Wutanfall bekommt, kaum zähmen! Oft ist es schon vorgekommen, daß wir in den Zoo telephonierten um einen Tierbändiger, der Ihr Kind nach hartem Kampf ins Kinderbettstattl hineinbeförderte. Raffiniert, grob, jähzornig, rechthaberisch, hundsgemein und dergl. – das sind zurzeit ihre hervorstechendsten Eigenschaften. Und trotzdem ist sie dabei so lieb und nett, daß wir oft kanibalische Anwandlungen unterdrücken müssen, da wir sie manchmal aus Liebe auffressen könnten! Nach Zigaretten hat Anneliese

noch kein Verlangen – umsomehr nach Bier. Sie nippt nicht, sie sauft schon, und die Großmutter meint: ›Genauso wie Ihr – und so weiter und so weiter!‹ Meine Frau hat alle Hände voll zu tun. Ihre Hauptbeschäftigung besteht darin, alle unsere Kleider, bzw. Bekleidung von Woche zu Woche enger zu machen. Bei meinen Hosen kann ich schon bald die Hosentürlknöpfe und die hintere Hosenschnalle zusammenbringen!
Ihre Bertl ist schon so mager, daß sie von mir ein Hosenbein als Rock anziehen kann!
Ein Vegetarier hat mir kürzlich eine Fleischmarke geschenkt. Die habe ich mir als seltenste Marke (außer der Mauritius) als Prunkstück in mein Briefmarkenalbum geklebt.
Sonst gibt es nichts Neues in München, außer den Münchner Neuesten Nachrichten, und davon ist die gestrige auch schon nicht mehr neu!
Mit der Innendekoration für Ihren Empfang ist schon begonnen. Über unserer Haustüre im Stiegenhaus hängt schon das Schild ›Willkommen‹! Hoffentlich willen Sie! Ihre Bertl meint, wir sollten statt ›Willkommen‹ – ›Mußkommen‹! schreiben.
Am liebsten würden wir alle hinaufschreiben: ›Ganz dableiben! Krieg aus! Frieden!‹

gez. Karl Valentin.
Berufsvater.

Einige Grüße noch von meiner Frau.«

Wir führten in unserem Planegger Häusl einen glücklichen Doppelhaushalt Valentin-Böheim und waren doch nur *eine* Familie.
Es gab keine »Partys« bei uns; auch der sogenannte Kaffeeklatsch war bei uns nicht üblich. Papa hatte nichts dafür übrig. »Schade um die Zeit!« – war seine Meinung.
Es kam schon vor, daß er eine Tasse gewässerten Malzkaffees (ohne Milch und ohne Zucker) mittrank, wenn Mama bettelte: »Schön wär's schon, wennst für uns auch noch a bisserl Zeit hätt'st!«, und dann wurde es fast immer zünftig. Alles was Papa erzählte, spielte er vor. Ob es sich nun um ein altes Weiberl handelte oder um einen zackigen Offizier – man sah die Personen lebendig vor sich.

Was er auch immer erzählte, es war amüsant, interessant – mitunter zum Totlachen. Aber dies war nur *eine* Seite seines vielschichtigen Wesens.
Eine fürchterliche Unsitte von Papa war, daß er am Kaffeetisch die Untertassen schon einsammelte, während wir die Tasse noch zum Munde führten.
»S'Mädi deckt gern an Tisch mit Bleamerln und Deckerln und Vaserln, und i räum gern weg, damit wieder Platz wird!«
Das hat nichts anderes geheißen als: »So! Jetzt habn mas wieda! Jetzt möcht i wieder in mei' Werkstatt zum Basteln!« Oder was ihm zu tun gerade wichtig erschien.
Papa war der fleißigste Mensch, den ich kannte. Man kann auch sagen: der Ruheloseste. Wenn er nicht bastelte, schrieb er. Wenn er nicht musizierte, sammelte er. Und was er alles sammelte! Und was er alles schrieb! Und wie schön er musizierte!
Wenn Papa Zither spielte, durfte ich ihn mit der Gitarre begleiten, und wir sangen zweistimmig die schmalztriefendsten Wiener Lieder. Am Klavier spielte er – ohne die geringste Ahnung von einem Fingersatz – den Pilgerchor aus Tannhäuser. Das *Wie* läßt sich nicht beschreiben. Er hatte eine solche Fertigkeit, um die ihn ein Klaviervirtuose hätte beneiden können.
Papa konnte auch schön singen. Er sagte oft: »Leider habe ich mir als Schreinerlehrbub meine Stimm' versaut. Ich wollte doch auch so männlich tief reden, wie unsere G'sell'n, und auf einmal waren die zarten Töne weg! Schad'! Ich hab' gsungen wie ein Regensburger Domspatz!«

27

Er kam ins Erzählen. Die Hausklingel unterbrach ihn.
Ein Herr brachte Altmünchner Fotografien, und da schlug Vaters Sammlerherz höher. Ich höre ihn noch:
»Ja, was is denn des? Ja, wunderbar! Das is ja der alte – – freili is ers – – Frau! Mädi! Hol dein Mann her! Der muß des auch

noch kenna, als alter Schwabinger! Ja, was is denn des!« Der Jubel wollte kein Ende nehmen. Kaum war der Herr fort, hieß es: »Frau!« – so nannte Papa die Mama – »mach den Tisch frei! I brauch Platz für meine Buidln!« Und es wurde sortiert, geschnipselt und geklebt. Mutters Apfelstrudel wurde eben irgendwo anders ausgezogen.

Papa war kein Sportler und auch kein Spieler. Aber ein Sammler. Und wie und was er gesammelt hat, verdient besondere Beachtung.

Im Jahre 1925 legte Karl Valentin den Grundstein – das Grundfoto – zu seiner *Altmünchner-Bilder-Sammlung*. Papa durchwühlte das Stadtmuseum am Jakobsplatz und das Stadtarchiv in der Winzererstraße und mußte feststellen, daß aus den früheren Jahrhunderten viel mehr Bildmaterial vorhanden war als aus der Zeit zwischen 1850 und 1900.

Leider hatte man damals versäumt, alte Stadtmauern, Türme und bemerkenswerte Gebäude vor dem Abbruch im Bilde festzuhalten. Sie sind der Gründerzeit zum Opfer gefallen. Unwiederbringlich! Papa schnüffelte nun bei Privatleuten nach Photos. Er wollte späteren Generationen zeigen, wie es früher in München ausgesehen hat. In allen Münchner Zeitungen gab er Inserate auf, in denen er die Leser bat, ihm unter anderem auch bei der Suche nach Abbildungen von Volkssängerlokalen, ehemaligen Varietés, Theatern und Vergnügungsstätten behilflich zu sein.

Eines dieser Inserate lautete:

»Bilder (Photographien) von der ehemaligen Westendhalle, vom Varieté Neue Welt (spät. Blumensäle), den Zentralsälen, Schweigertheater (Müllerstraße, heute Kolosseum), werden für die kommende *Ausstellung Alt-München* gesucht. Brauchbare Bilder werden zu höchsten Preisen angekauft vom Ausstellungskomitee, p. Adr. S. Haslacher, Langerstraße Nr. 2a/0.«

Ein anderes:

»Wer hat noch Photographien (oder Stereoskopbilder) vom ehemaligen Volksgarten Nymphenburg 1895 – brauchbare Bilder erbeten. Friedrich, Mannhardtstraße 7/IV.«

Papa ließ sogar Postkarten drucken, auf denen geschrieben stand:

»Alte Photographien – auch Stereoskopbilder und Ansichtskarten, aber nur von ›Alt-München‹ 1850–1900 kauft jederzeit V. Fey – München 22, Mariannenplatz 4/2 Fernruf 25599 (zahle für brauchbare Bilder RM 1.– bis 10.– und auch höher).«

Gleichzeitig veröffentlichten mehrere Zeitungen kleine Artikel, in denen gebeten wurde, »dem großen Komiker« bei seiner historischen Arbeit behilflich zu sein. So hieß es in der Welt am Sonntag (so hieß damals eine Münchner Zeitung):

»Karl Valentin veranstaltet *Altmünchner Ausstellung.*

Das heißt, um es genau zu sagen: ein Komitee plant im Sommer dieses Jahres eine intime, aber der großen Öffentlichkeit zugängliche Schau, die alle echten und guten Münchner interessieren wird. Unser Münchner Komiker Karl Valentin ist die treibende Kraft in diesem Zirkel, dem neben Liesl Karlstadt und Kunstmaler Ludwig Greiner noch eine Reihe weiterer Persönlichkeiten angehören.

Die Namen der Veranstalter bürgen dafür, daß diese Ausstellung etwas ganz Besonderes wird, humorvoll und witzig, aber beileibe keine Gaudi, sondern eine kulturelle Angelegenheit. Ausgestellt sollen alte und längst verschwundene Bilder, Photographien und auch Postkarten werden, die das München zeigen, das den meisten Zeitgenossen nur mehr vom Hörensagen her bekannt ist. Daß natürlich darunter die Münchner Originale und Volkssänger, die Treffpunkte und Vergnügungsstätten von ehedem, die größte Rolle spielen, ist bei der Schirmherrschaft Karl Valentins einleuchtend.

So etwas hat man in München – geschweige denn in einer anderen Stadt! – noch nicht gesehen. Karl Valentin hat alles gesammelt, was ihm wertvoll und aufschlußreich erschien. Er besitzt ganze Schränke und Koffer dieses interessanten Materials und keine andere – auch keine öffentliche, staatliche oder städtische Sammlung kann mit seinem ›Museum‹ konkurrieren. Seine besondere Liebe gilt natürlich dem Theaterwesen und seinen Kollegen. Vom Zeitungsinserat und Programmzettel bis zum Szenenphoto und anderen bildlichen Dokumenten ist alles Erreichbare aufgespürt, ausgedeutet und katalogisiert worden. Ganze Kisten voll Negative warten auf Vervielfältigung und Berge von farbigen Postkarten künden uns von verrauschten Ball-, Kel-

ler- und Volksfesten, aber auch vom vergangenen baulichen Antlitz unserer Stadt. Eine wertvolle Fundgrube! Aber das Ausstellungskomitee hat noch Schmerzen.
Karl Valentin findet, daß ihm noch vieles fehlt. So zum Beispiel ein Photo vom Hauser Lenz, vom alten Volksgarten in Nymphenburg, vom alten Sterngarten, vom Gierlinger Park, von der Neuen Welt und so weiter. Aber am meisten schmerzt es ihn doch, daß er kein Bild von der Rosenau hat, wo er doch gewohnt ist, dort sein himmlisches und entzückendes Feuerwerk abzubrennen.
Außer den angeführten Objekten hat Valentin für alle Münchner Dokumente bis zum Jahre 1910 brennendes Interesse. Die Redaktion der Welt am Sonntag reicht die Angebote sehr gerne an Herrn Valentin weiter. Also auf die Suche!«
Valentin ging jeder Zuschrift nach. Kein Weg war ihm zu weit, kein Speicher zu hoch (trotz seiner Atemnot) und auch kein Keller zu tief, wenn er wertvolles Bildmaterial für seine Sammlungen witterte. Die Ausbeute war mitunter sehr gering; aber wenn er etwas fand, das ihm fehlte, war er tagelang guter Laune.
Im Jahre 1939 verkaufte Papa einige Sammlungen an das Stadtarchiv in der Winzererstraße. Karl Valentins Inventarliste lautete:
a) 758 *Altmünchener Photographien* (im Anhang ist das Verzeichnis der jeweiligen Bilder).
b) Eine Sammlung *Münchner Vergnügungsstätten seit Bestehen der Stadt München.* Volkssängerlokale, Kabaretts, Varietés, Vergnügungsstätten, Theater und Schichtl's Varietétheater am Oktoberfest, auf 169 Kartons aufgezogen.
c) Eine Sammlung *Münchner Volkssänger* bestehend aus:
57 großen Tafeln Damen und Herren, Volkssängergesellschaften, Szenenbildern, Zeitungsausschnitten etc.
und kleine Tafeln:
davon 144 Volkssängerinnen-Einzelbilder
520 Tafeln Volkssänger-Einzelbilder
89 " " -Gesellschaften
31 " Duette, 1 Herr und 1 Dame
4 " " Damen
31 " " Herren

18	"	Terzette
15	"	Quartette
18	"	Alpensängergesellschaften
13	"	Allerlei
102	"	Komödienbilder.

Wahrscheinlich hat Papa in all den Jahren mehr ausgegeben als er später beim Verkauf dafür bekam. Der Vertrag wurde Ende August 1939 von Karl Valentin und Oberbürgermeister Fiehler unterzeichnet. Schon 1934 zeigte Papa eine Ausstellung seiner Sammlungen. Eine seiner Altmünchner Stereoskopsammlungen befindet sich jetzt im Valentin-Musäum im Isartorturm. Sie besteht aus 242 Aufnahmen, eine zweite, mit Guckkasten, besitzt das Münchner Stadtarchiv. Im Salzburger Volksblatt stand im März 1941 zu lesen: »Der bekannte Münchner Komiker Karl Valentin besitzt eine große Altmünchner Stereoskop-Sammlung. Karl Valentin sammelt auch Stereoskopbilder aus anderen Städten. Die Stücke, die er auf diesem Gebiete erwirbt, pflegt er den betreffenden Heimatmuseen zum Geschenke zu machen mit dem Ziel, jedes solche Museum möge zum ständigen Gebrauch einen Guckkasten aufstellen, mittels dem diese Bilder betrachtet werden können. Hierbei lassen sich bis zu 50 Stereoskopbilder durch Handdrehen aufzeigen.«

Im Jahre 1938 bekam Papa aus Paris einen Brief:

»Sehr geehrter Herr! Herr Ernst Schierlitz hat hinterlegt im Museum Carnavalet 13 interessante historische Photographien von Paris, welche er uns in Ihrem Namen angeboten hat.

Diese wertvollen Dokumente werden einen Ehrenplatz in unseren Sammlungen einnehmen, welche sie sehr bereichern.

Wollen Sie, wenn ich Sie bitten darf, die Versicherung meiner größten Dankbarkeit und meiner allergrößten Hochachtung annehmen.

le CONSERVATEUR DU MUSÉE CARNAVALET«

In den Jahren 1939 und 1942 übersandte er dem Museum noch einmal 89 Photographien und freute sich über das in der deutschen Übersetzung überaus köstlich klingende Schreiben:

»Direction des Beaux-Arts

République Française
Liberté – Egalité – Fraternité
Préfecture du Département de la Seine
Paris, le 24 mars 1942

Sehr geehrter Herr!
Sie hatten die Güte, der Stadt Paris für das Museum Carnavalet anzubieten:

– 75 stereoskopische Ansichten von Paris –

Ich habe die Ehre, Ihnen mitzuteilen, daß ich den Entschluß gefaßt habe, diese Schenkung anzunehmen.
Ich spreche Ihnen im Namen der Stadt Paris meinen besten Dank aus und füge noch den Ausdruck meines ganz persönlichen Dankes bei, für diesen Beweis von Interesse, das Sie an den städtischen Sammlungen haben.
Genehmigen Sie, mein Herr, den Ausdruck meiner vorzüglichsten Hochachtung.

Präfect der Seine und Abordnung
General-Sekretär der Seine«

Papa war von der überschwenglichen Ausdrucksweise der französischen Sprache hingerissen. Etwas nüchterner, aber trotzdem »voll des Dankes« für eine Schenkung war im Mai 1931 »The London Museum, Lancester House, St. James's S. W. 1«.

Papa hatte das Märkische Museum in Berlin als Zentralstelle gewonnen, wohin alle Stadtansichten gesandt werden konnten. Er stellte sich aus Freude am Sammeln in den Dienst der Sache, ein uneigennütziger Historiker, anerkannt, nicht zuletzt auf einer noch erhaltenen Urkunde des Historischen Vereins von Oberbayern, der ihn zum Ehrenmitglied ernannte.
»Es muaß doch noch gnua Buidln geb'n! Denn jeder Hausbesitzer, der wo sich a neu's Haus baut, laßt doch sei' alts Häusl z'erscht fotografiern, bevor er's wegreiß'n laßt, damit er und sei' Familie a Andenk'n hat. Wenigstens hab'ns d'Leut früher so g'macht! Vom Stadtbauamt wird ja automatisch jedes Haus vor dem Abbruch no abfotografiert – aber erst seit 1890 – es is' ja traurig, daß's erst 1890 so g'scheit wor'n san! Es is' doch kaum zum glaub'n, daß in der Maillingersammlung und im Stadtarchiv

net amal a Photographie vom ehemaligen Sterngarten hab'n, wo heut' da Tietz [jetzt Hertie] steht – am Bahnhofsplatz.
Auch in der berühmten Stufflersammlung mit 42 000 Negativen von München gibt's nur wenig brauchbare Sachen. Am ehest'n findt' ma da no Kirch'n, Altäre, Kirchentüren, Kirchenornamente und so was. Es is' eine Schand, daß grad von unserer Münchner Stadt so wenig Buidln in unsre Museen z'find'n san...
Hätt' man mit der Maillingersammlung eine solche Ausstellung veranstaltet ... ich bin überzeugt, daß viele Münchner was mitbracht hätt'n. Da hätt's dann g'heißn: ›Jessas, da schau her, der alte Sterngarten, da bin ich auch noch drinn g'sessn mit mein'm Vatta – und da schau her, Alte: s'Gasthaus zum Kappler in der Maffeistraß' beim Lodenfrey; und des da der alte Noggergarten beim Salvatorkeller.‹«
Papa widmete sich mit Begeisterung dieser Sammlertätigkeit und konnte im Gespräch mit einem Stadtrat richtig böse werden:
»Man könnte diese Menschen, die ein altes, ehrwürdiges Haus abreißen lassen, Idioten heißen, wenn sie es unterlassen, von einem solchen Immobil vorher noch ein Bild anzufertigen. Gerade München hat auf diese Weise von allen deutschen Städten am meisten gesündigt. Die einzige Entschuldigung, die es dafür gibt, ist vielleicht das Bier, für welches die damaligen Stadträte wahrscheinlich mehr Interesse hegten als für die alten Häuser unsrer Münchner Stadt.«
Nur wer seine Heimatliebe kannte, vermag seine Bitterkeit zu verstehen. Papa fand jedoch liebevolle Unterstützung von einigen Münchner Historikern. Auch das Photohaus Schaja in der Maximilianstraße hatte sich bereiterklärt, die Bilder von »Alt-München« kostenlos zu reproduzieren und sie so der Nachwelt zu erhalten.
Ich lese unter anderem in einem Artikel, daß Papa dem Historischen Stadtmuseum am Jakobsplatz ein Rundpanorama gestiftet hat, das neben dem berühmten Sandtner-Modell aufgestellt wurde.
Die Presse schrieb darüber »von einem seltenen Kulturwerk«. In der Bayerischen Staatszeitung vom 4. August 1927 heißt es:
»Gegenwärtig ist in der Gaststätte Drei Rosen am Rindermarkt, die, 1473 erbaut, zu den ältesten Gaststätten unserer Stadt zählt,

eine interessante Ausstellung zu sehen; der Gedanke, das Münchner Volkssängertum, das sich zu einer Zeit, als es noch kein Kino gab, der größten Beliebtheit erfreute und neben dem Theater beinahe das einzige Vergnügen unserer Eltern und Großeltern war, von seinem Entstehen um das Jahr 1840 bis zur Gegenwart im Bilde zu erhalten, ging von Karl Valentin und Liesl Karlstadt aus, denen für die mühevolle und zeitraubende Sammlung und Zusammenstellung der vielen Bilder der wärmste Dank gebührt.

Wir stehen vor Bildern von längst gestorbenen Volkssängern (Papa Geis, Seidenbusch, Hesselschwert, Papa Kern usw.), vom Kalchner Max, der, über 80 Jahre, noch unter uns weilt, von Volkssängergesellschaften, deren Aufzählung zu weit führen würde, bis zu den neueren, Käthe Kobus (Simplizissimus), August Junker, Gebrüder Albrecht in Wien–München u. a.

Mit einer stattlichen Kollektion ist Valentin selbst vertreten. Eine besondere Tafel vereinigt Münchner Spezialitäten, den Schichtl, den Maler Diefenbach u. n. a.

Die Veranstalter bitten die Allgemeinheit zur Vervollständigung der Sammlung beizutragen. Eintritt 30 Pf.«

Am 7. Dezember 1936 kündigten die Münchner Neuesten Nachrichten an, daß der Kunsthistoriker Dr. Ludwig Waagen im Kreuzbräusaal über Karl Valentins Altmünchner Sammlung einen Vortrag halte. In einem Interview fragte Papa: »Sie wollen meine Sammlungen sehen? Welche von meinen 39 Sammlungen möchtens zerscht anschaun? Da sind S' übrigens a bisserl zu spät kommen, wenn S' heut noch fertig wer'n woll'n. Warum san S' denn nicht schon vor acht Tag kommen?«

Valentin zeigte Alben: so das Schichtl-Album, eines über das Apollotheater, ein anderes mit Bildern vom Volksgarten. Dann schleppte er das »Reservoir« herbei, darunter eine Mappe mit Photographien von Hochwässern der Isar in und um München.

»Zum Trost jetzt das Gegenteil«, sagte Valentin und legte ein Album vor, das alles enthielt, was ein Wissens- und auch sonst Durstiger über das Hofbräuhaus finden wollte, nicht zuletzt eine Kitschpostkartensammlung: eine holde Jungfrau in schillernden Farben mit echtem Haarschopf! Eine Karte aus Aluminium und eine aus Leder.

Bewegliche Karten: eine ballonähnliche Riesendame »vor der Kur« – man schiebt an einem Streifen und es erscheint eine zum Skelett abgemagerte Xanthippe »nach der Kur«. Auch eine Karte mit echtem Edelweiß auf schroffer Höh' war dabei.
Papa hatte den Einfall, an besonderen Bauten und Verkehrsmittelpunkten der Stadt Bilder anbringen zu lassen, zu denen seine Sammlung die Vorlage stellen würde, damit man sehen könne, wie es vor Jahrzehnten einmal hier ausah.
Papa setzte sich auch für das Panorama International in der Kaufingerstraße ein, indem er maßgebende Stellen der Stadt um einen jährlichen Zuschuß in Höhe von 1000 Mark gebeten hatte, um die Existenz dieser Altmünchner Vergnügungsstätte zu sichern. So am 3. Mai 1939 auch »Herrn Staatssekretär im Bayer. Staatsministerium des Innern, Herrn Max Köglmair«:
»Erlaube mir, Ihnen, sehr geehrter Herr Staatssekretär, den Abschnitt aus den Münchner Neuesten Nachrichten zu übersenden mit der herzlichen Bitte – dem alten ehrwürdigen Panorama einen jährlichen Zuschuß von 1000 Mark zukommen zu lassen, damit uns dieses Stück Alt-München erhalten bleibt.
Sollte die Stadt sich weigern, obigen Betrag zu genehmigen, bin ich leider gezwungen, mit meiner Bitte einen Fehltritt begangen zu haben. –
Mit Panorama-Gruß!
Ihr ergebener Geheimer Privat-Historiker der kgl. Haupt- und Residenzstadt München.
N. B. Ich schreibe raffinierterweise gleich an vier Stellen, von einer einen Erfolg erhoffend. Einen Zwang erlaube ich mir vorläufig noch nicht auszuüben.«
Der Zuschuß wurde verweigert.

28

1941 wurden wir in Planegg ansässig. Und was hat sich da alles zugetragen!
Es war an einem Sonntagmorgen. Papa war allein. Mama war in die Kirche gegangen. Als sie zurückkam, war ihr erster Gang in die Küche. Sie traute ihren Augen nicht! Papa arbeitete mit Hammer und Stemmeisen, er war eben dabei, ein Loch in die Außenwand zu schlagen. Wie einem kleinen Bub, der einen Streich ausheckt und dabei ertappt wird, so war ihm wohl zumute, als Mama plötzlich unter der Tür stand und ihn mißtrauisch fragte:
»Ja, Papa, ja... ja... was tust denn du da?«
Vater, verlegen bis frech:
»Gell, da schaugst! Köpfchen! Da hau i jetzt a Loch durch – zum Garten hinaus, und da können wir dann den Abfall hinauswerfen. Vor allem die Essensreste für die Hühner. Da brauchst du dann net immer ums ganze Haus herumlaufen. Des is doch praktisch!«
Mamas Oppositionsgeist regte sich. Diesmal zu Recht. Sie überschaute mit einem Blick, daß es sich hier wieder einmal um eine echte Valentinade handelte, und versuchte, ihn zu überzeugen, daß das nicht gut sei, was er hier mache, daß es auch hereinziehen könne zwischen der Türe und dem Loch. Und noch einiges mehr. Papa war verstimmt:
»Dir kann man aber auch nichts recht machen!« Und ging beleidigt aus der Küche. Aber schon am andern Tag machte Papa das Loch eigenhändig wieder zu, denn er saß direkt davor, und sooft die Türe geöffnet wurde, traf ihn der kalte Luftstrahl.
Fast täglich ergab sich bei uns folgender Dialog:
»Frau!« fragte Papa, »is d'Zeitung scho da?«
»Ich kanns auch net herzaubern!«
»Ich hab ja nicht gsagt, du sollst sie herzaubern! I hab ja nur gfragt, obs schon da is!«
»Mußt halt warten, bis s' kommt!«
»Ja, Frau, das weiß ich selber!«
»Was hast denn heut wieder?«

»Nix hab ich! Man wird doch noch fragen dürfen, ob d' Zeitung schon da ist!«

»Froh bin i, wennst heut fort bist!«

Er war beleidigt:

»I geh ja schon! Adieu!«

Er nahm Mantel, Hut und Stock und ging, kam aber prompt wieder zurück: »Moanst, i brauch an Schirm, Frau?«

Es ging natürlich nicht um den Schirm, er wollte damit nur sagen: »San ma wieder guat?«

Mamas Gesichtsausdruck verriet in diesem Augenblick, daß sie ihm nie, aber auch gar nie, ernstlich böse sein konnte.

»Nimmst halt ein' mit – – an Schirm, Papa. Und gib Obacht! Mach an Mantel oben zua, daß dich net erkältst!«

Als Vater gegangen war, sagte Mama zu mir:

»Ach ja! Ich möcht mein' Weg nimmer zurückgehn – –« Und in einem plötzlichen Stimmungswechsel: »Aber jung, wenn ich nochmals wär', i tat nur wieder an Papa heiraten.«

Es war nicht überall bekannt, daß es außer einer Valentin-Partnerin Liesl Karlstadt auch noch eine Frau Valentin gab. Sie war eine bescheidene Frau, der es genügen mußte, im Schatten ihres Mannes zu stehen.

Auch im kleinen Kreis der Familie gibt es Kämpfe und Gefechte – Wortgefechte –, und deren gab es bei uns manche. Der gewandtere Streiter war natürlich Papa – die Zähere aber Mama. Sie stellte einmal fest: »Die einzig Normale in unsrer Familie bin doch ich!« Wir haben nicht widersprochen. Und gerade weil Mama »die einzig Normale« in unserer Familie war, bekam sie unser Planegger Heim zugeschrieben. Einer der Theaterdirektoren, bei denen Papa engagiert war, sorgte dafür, daß sein Mitarbeiter Karl Valentin sich ein eigenes Haus anschaffte. »Das läßt du aber auf den Namen deiner Frau eintragen! Dann habt ihr was, wenn ihr alt seid!«

Wie recht dieser Mann hatte! Nicht nur einmal, nein, jedes Jahr mindestens einmal, wollte Papa das Häusl veräußern. Aber er durfte nicht. Mama sagte strikt »nein«! Sie liebte das Planegger Heim und hat es uns auch erhalten. Es war eine heitere Herausforderung, wenn Papa meinte: »Jetzt verkaufn ma unser Planegg. Wir können uns ja dafür wieder was anderes kaufn!«

Valentin mit seiner Tochter Berta, genannt »Mädi«

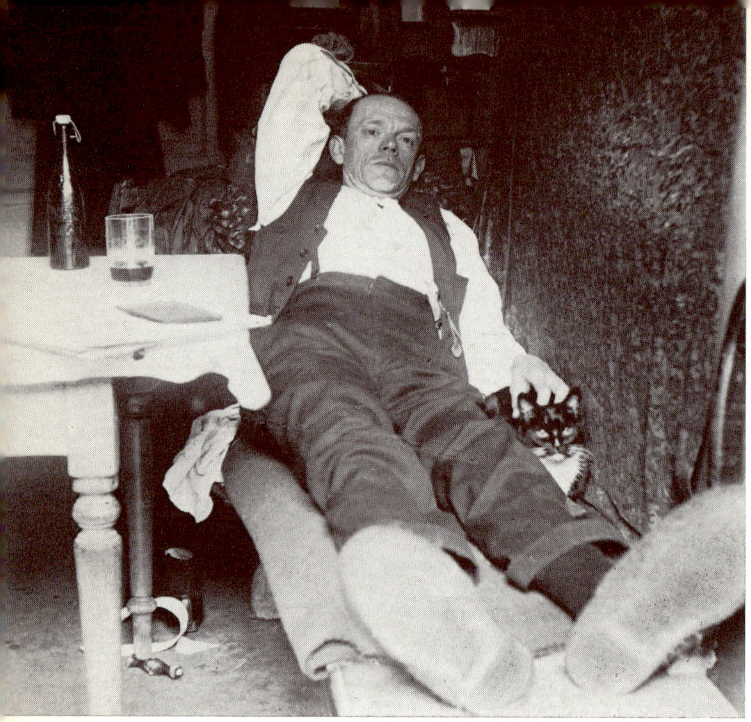

Valentin privat: zuhause in der Kanalstraße mit Katze Mulli und mit Hund Bobsi in der Pose eines Anglers

In der Wohnung am Mariannenplatz und in seiner Werkstatt im Planegger Haus

Wohnzimmer am Mariannenplatz

Das Haus in Planegg

»Nein, nein!« gab Mama regelmäßig zurück, »des geben ma nicht her! Des is schön – und die gute Bahnverbindung!«
»Trotzdem!«
»Nein! Außerdem kannst du des Haus gar nicht verkaufen, ohne meine Einwilligung. Des läuft ja auf meinen Namen. Wenn ich net ja dazu sage, kannst du es nie verkaufen!«
Mamas siegesbewußter Gesichtsausdruck reizte ihn:
»So! Nur zum Zahlen, da war ich schon recht – – zum Verdienen! Wer hat denn das Haus gekauft? Du oder ich?«
Amüsiert lächelnd antwortete Mama:
»Du! Aber gehörn tuats mir! Ätsch!«
Mamas Beharrlichkeit ist nie unser Nachteil gewesen.
Jedes Jahr mußte sie darum kämpfen, daß der Garten gemäht wurde. Papa wehrte sich dagegen mit der Begründung:
»Warum denn? Im Urwald mäht ja auch keiner! Wachst da vielleicht nix?«
»Ja, im Urwald! Wir sind aber nicht im Urwald! Der Kaminkehrer hat auch gsagt –«
»– was der Kaminkehrer sagt, des is mir wurscht! Der soll sich um seinen Kamin kümmern und nicht um unseren Garten! Des kannst ihm sagen, wenn er wieder kommt!«
Vater masselte und die Mutter handelte. Der Rasen wurde gemäht.
Papa vertauschte einige Obstbäume gegen »Nichtobstbäume«.
»Wenns dann s'Obst runterstehln, dann stehlns sie's wenigst'ns net bei mir, sondern beim Nachbarn!«
Kurze Zeit hatten wir sogar einen Weiher im Garten. Da tummelten sich kleine Fischlein, Salamander, Frösche und viele Regenwürmer, die trotz Verbotes bei Regenwetter immer wieder hereinkrochen. Von Zeit zu Zeit mußte der »See« vom Schlamm befreit werden: Man ließ das schmutzige Wasser ablaufen, nachdem man vorher alle Lebewesen in einen Behälter evakuiert hatte. Dabei half einmal Joseph Rankl, der gerade zu Besuch war. Rankl war einer von Papas Bühnenpartnern, so im »Vorstadt-Theater« als Anderl mit der Pauke, die er nicht »herenten« sondern »drenten« tragen wollte. Ein andermal spielte er »Im Photoatelier« den Meister, an Oid'n, wie ihn der Lehrbub, Liesl Karlstadt, und der Gehilfe, Karl Valentin, nannten.

Joseph Rankl tat, wie ihm befohlen: Als frisches Leitungswasser eingelaufen war, wollte er das Getier wieder schwimmen lassen. Aber da irrte er sich. Papa war sehr verwundert über soviel Gedankenlosigkeit und hielt Rankl erregt davon ab:
»Aber, Rankl, Sie könna doch die dreckerten Frösch net in des saubere Wasser werfn. Zuerst müssens gewaschen werdn. Nacha derfns erst wieder rein.«
Rankl stutzte einen Moment, merkte aber bald, daß es sich diesmal um keinen Witz, sondern um eine todernste Valentinade handelte. Sofort schleppte er einen Eimer mit frischem Wasser herbei: Die Frösche wurden gewaschen und kehrten schließlich sauber, aber immerhin noch grün, ins nasse Element zurück.

Immer wieder brachte Papa irgendwelche Tiere ins Haus. Einmal hatte es ihm ein stiller, verträumter Weiher angetan, zwanzig Meter oberhalb der Großhesseloher Eisenbahnbrücke. Da gab es Frösche, Salamander und Kaulquappen, die Papas Tierliebe neu entfachten. Auf gutes Zureden allein kamen sie allerdings nicht aus dem Wasser. Ihnen nachzuschwimmen wäre sinnlos gewesen, da der Weiher zu seicht und Vaters Beine zu lang waren. Also stieg er, mit Gummistiefeln ausgerüstet, in die untiefen Fluten, in der einen Hand ein kleines Netz, in der anderen eine leere Konservenbüchse zum Aufbewahren der Beute. Er zog das »Fanggerät«, das Mama aus Papas altem Netzjackerl fabriziert hatte, im Weiher hin und her, um etwas zu erhaschen.
Dieses Gewässer hatte ein Ausmaß von etwa fünfzig Quadratmetern und man konnte ohne Schwierigkeit und ohne Fernglas von einem Ufer zum anderen sehen.
Ein pflichteifriger, grasgrüner Landgendarm, der gerade nichts anderes zu tun hatte, beobachtete Papa und erblickte in ihm einen Fischräuber.
Er fragte ihn mit weitaufgerissenem Mund und ebensolchen Gesetzesaugen, was er in dem Wasser zu tun gedenke. Papa erklärte ihm, daß er Kaulquappen, Fröschlein und Salamander fangen wolle. Für seinen Weiher in Planegg.
»Sie stehen hier mit Wasserstiefeln in einem *Fisch*teich!« wurde er gerügt.

»Aber deswegen fang ich noch lange keine Fisch! Wenn Sie's net glauben, dann schaun S' in mei Konservendosen nei!«

Darin befanden sich wirklich nur einige Kaulquappen; trotzdem schrieb ihn der Gendarm wegen unerlaubten Fischfangs auf.

Nach etwa zwei Monaten kam ein Schreiben vom Amtsgericht München-Au. Eine Vorladung wegen »Herumtreibens im Isarbett«.

»Wie ein armer Sünder bin i dagstanden und wurde zu einer Geldstrafe von drei Mark oder einen Tag Haft verurteilt.«

Papa zog es vor, die drei Mark zu bezahlen, um seinen unbescholtenen Leumund nicht zu beflecken.

Nun war seine Weste wieder rein. Aber nicht lange: Mama fand einen Fleck! Und unter Tränen paukte sie ihrem geliebten Ehemann Moral.

Wenn Mama eifersüchtig war, war was los. Papa suchte sich zu verteidigen. Er erfand eine Gegenklage:

»Sei nur stad ...«, wehrte er unsicher ab, »... du hast auch schon einmal an andern g'habt!«

Aber da reagierte Mama schnell. Sie packte einen Schürhaken, der gerade griffbereit am Küchenherd lag. Mit dieser gefährlichen Waffe in der Hand fragte sie drohend den Verleumder ihrer Ehre:

»Was hab i ghabt?«

Der Korridor in der Wohnung war lang, Papas Beine aber schnell. Er erreichte unversehrt sein Zimmer, schloß sich ein und der Feind stand vor der verriegelten Tür. Aber dieser Feind tobte nicht mehr – er lachte.

Papas Eifersucht dagegen war anderer Art.

Wenn er Zither spielte, erwartete er, daß man ihm andächtig zuhörte. Und wenn Mama bei einer besonders gefühlsbetonten Stelle mit dem Geschirr klapperte oder ihn gar unterbrach mit den Worten: »Da, Papa, iß dei Suppn, solang s' warm is«, war er beleidigt:

»Ja, ja, da Roider Jackl wenn seine Gstanzl singt, da bist stad, mäuserlstad – aber bei mir – na ja –«

Mama wagte nicht mehr zu lachen, wenn der Jackl komisch war. Aber auch diese Eifersuchtsanwandlungen gingen wieder vorüber. Keiner von beiden war nachtragend. Dazu fehlte es ihnen

auch an Zeit, denn am nächsten Tag war nämlich bereits wieder etwas fällig.
Es ging da um »a kleins Schweinderl«.
»D'Mama kann einem wirklich an Spaß verderbn!« So beklagte sich Papa bei mir.
Als ich ihn fragte, um was es sich handle, klagte er:
»Woaßt, Mädi, des wär doch a Gaudi, wenn wir uns a kloans Fackerl halten tätn. Im Keller hätten wir scho an Platz für an Stall. Z'fressen habn ma a gnua. So a Viecherl frißt doch Abfälle, und bevor mas wegschmeißn, geben mas doch liaba da Sau, net! Und wenn's Durscht hat, kriagts was z'saufn. A Wasser wern ma uns doch no leisten können! Und mit'n Sekt fang ma erst garnet an! Und zweng der Reinlichkeit – no ja, schließlich is's ja a Sau.«
Ich wußte immer noch nicht, worauf Papa eigentlich hinauswollte.
»Was moanst, was des für a Viecherei wird, wenn ma dann unser Hundi und des Fackerl im Garten rumlaufen lassen. Da sagen ma dann zum Bobsi: ›Fangs Facki‹ – was moanst, wia de zwoa sausen? Aber d'Mama wills net haben! Gut. Auch recht! Kommt eben kein Fackerl ins Haus!«
Papa hatte keine Ahnung von Ackerbau und Viehzucht! Aber Mama. Leider fehlte ihr die diplomatische Ader, denn sie hatte es zeitlebens nicht erfaßt, daß man Papa immer zuerst recht geben mußte, daß man ihm seine kindliche Freude nicht sofort zunichte machen durfte. Papa blieb ein Kind im Trotzalter, sein Leben lang.
So mußte man ihn sehen und nehmen. Nicht seinem Willen einen stärkeren entgegensetzen, sondern ihn mit stichhaltigen Argumenten langsam vom Gegenteil überzeugen. Und nur so konnte man ihm etwas ausreden, und deshalb war ich jedenfalls dafür:
»Ui, ja! Des wär wirklich a Gaudi! I seh die zwoa direkt Fangermandl spieln!« Erst dann kehrte ich die negative Seite langsam hervor, daß zum Beispiel ein solches Schweinderl ja auch Ruhe brauche, um gedeihen zu können, und daß ein Schwein auch ein richtiges Fressen brauche. Auch, daß ein Stall ordnungsgemäß sein müsse. Ja – und wenn das Viecherl alt und fett geworden ist, müßten wir es auch schlachten oder schlachten lassen.

»Möchtest du dann von diesem Schweinsbraten was essen?« Da hatte ich es geschafft.
»Ja, keinen Bissen brächt ich hinunter! Was meinst, wie man an so einem Viecherl hängt, wenn man's selber aufzieht!«
Bobsi blieb solo.
Bobsi war ein kurzhaariger Foxl mit unkupierten Ohren und Ringelschwanz.
»Dahoam is er a bravs Viecherl, aber nur, weil's in da Wohnung keine Baumstämm gibt!« konstatierte Papa.
Einmal verließen beide in bestem Einvernehmen unsere Wohnung am Mariannenplatz und kamen als Todfeinde zurück. Was war geschehen?
»Marsch! Geh auf dei Platzerl und laß dich heut nimmer sehn!«
Bobsi steuerte zerknirscht und mit zurückgelegten Ohren auf sein Eigenheim zu.
Herr und Hund waren »Gassi«. Sie gingen die Isar entlang, wo sich Baum an Baum reihte. Bobsi interessierte sich für jeden, zog ruckartig an der Leine, es wurde geschnuppert und sonst ereignete sich nichts. Nicht das geringste! Das machte das Herrle zwanzig- bis dreißigmal mit. Dann verlor es seine Engelsgeduld.
»Jetzt reicht's mir aber! Schluß jetzt! Jetzt gehn ma hoam! Moanst, i laß mi von dir zum Narren halten?!«
Das beobachtete ein älteres Fräulein und ergriff sofort Partei für das »arme Hunderl«:
»Lassen S' doch den Hund an den Baum hin, wenn er muß! Sie sehens doch, daß er da hinzieht, Sie Rohling, Sie!«
Papa stieg die Galle hoch. Das hatte ihm gerade noch gefehlt!
»Nein, liebe Frau, der muß eben nichts machen!« zischte er die spinnöse Dame an und ließ, um sie von der Richtigkeit seiner Handlungsweise zu überzeugen, die Leine locker. Diesmal allerdings schnupperte Bobsi nicht nur – er hob sogar das Fußerl! – Das hätte Bobsi ihm nicht antun dürfen!
»Bobsi! Gassi!« ermunterte Papa wieder einmal seinen Liebling. Dieser spitzte die Ohren. Seine dunklen Kulleraugen wurden noch runder und sein lustiges Ringelschwanzerl zitterte vor freudiger Erregung.
Herrle zog sich den Mantel über, nahm den Schirm und als er

noch den Hut aufsetzte, wußte Bobsi Bescheid. Aber dann geschah etwas, was außer Bobsi wohl noch keiner seiner Artgenossen erlebte. Papa kam plötzlich eine Spitzbüberei in den Sinn, ein Überbleibsel aus seiner Jugendzeit. Er setzte Bobsi auf das Fensterbrett und schloß das Winterfenster.
Bobsi war gefangen, zwischen die Fenster eingeschlossen! Er mußte zusehen, wie sein Herrle das Zimmer verließ. Gerade herausschielen konnte er noch. Das war aber auch alles. Bobsi hörte noch:
»Ja, wo is er denn, der Bobsi? Bobsi! Gassi! Geh weiter!«
Doch als Papa Bobsis ersten Jammerton vernahm, war es um ihn geschehen. Er öffnete das Fenster und Bobsi merkte sofort, daß Herrle »nur a Gaudi« gemacht hatte.
Schade, daß es kein Foto gibt, von »Bobsi hinter Glas«. Es wäre auch technisch nicht möglich gewesen, denn den Apparat hersuchen, die Platten einlegen, das Stativ aufstellen – – so lange hätte Papa sein Hunderl nie leiden sehen können!
»Ich habe ja eine Schwäche für den Witz Ihres Herrn Vaters, nur privat hat er schon ein fader Knochen sein können«, mußte ich mir von einem Bekannten sagen lassen. Er war Zeuge eines Gesprächs, das Papa in einem Café mit einem unbekannten Tischnachbarn führte.
»Ja, ja«, seufzte der Fremde, »es könnte so schön auf der Welt sein, wenn das lumpige Geld nicht wär! Wissen S', mein Geschäft geht nicht schlecht, aber die Familie ist groß! Acht Kinder wollen ernährt sein! So ein kleiner Nebenverdienst wär halt recht.«
Papa hörte sich das an.
»Ich wüßt Ihnen einen Nebenverdienst! Da denken S' Ihnen einen ganz saudummen Witz aus, über den kein Mensch lachen kann. Den schreiben S' auf, schicken ihn an irgendeine Zeitung und schreiben S' dazu: ›Neueste Valentiniade‹. Dann haben S' an Nebenverdienst.«
Der Unbekannte, der Papa nicht erkannte, meinte:
»Ja, darf man denn des machen?«
»Freilich! Das machen die andern auch. Und solche Witze werden auch meistens angenommen. Was anders is, wenn da Valentin selber was Komisches einschickt, das bekommt er meistens retour.«

Um das sauer verdiente Geld beneidete ihn einmal ein Musiker: »Ja, Valentin, Sie haben's leicht! Sie stelln sich einfach auf die Bühne rauf, verzapfen da zehn Minuten Ihren Schmarrn und bekommen dafür eine Riesengage. Unsereins sitzt stundenlang im Orchester und wenn man dann aufsteht, dann hat man a paar Markl verdient!«

Darauf mein Vater ganz sachlich:

»Stimmt! Da haben Sie vollkommen recht! Ich versteh nur eins nicht: Warum stelln Sie sich eigentlich nicht auch rauf auf die Bühne und verzapfen so einen Schmarrn für die gleiche Gage wie ich? Bis heute existiert nämlich noch kein Gesetz, daß ein Musiker nicht auch einen Komiker machen darf!«

Im Jahre 1946 schrieb Karl Valentin einen Artikel für eine Zeitung. Er bestätigte der Schriftleitung den Erhalt des Geldes:

»Ich habe mein Honorar von 5.– RMark erhalten und bin nun in der glücklichen Lage, mir davon ein Paket Zahnstocher, einen Radiergummi und noch so manches zu kaufen. Da ich seit fünf Jahren auch im Film keinen Pfennig verdient habe, freut es einem doppelt, wenn auf einmal ein so großer Batzen Geld ins Haus kommt...«

Sein Schreiben schließt mit der Berechnung, daß er für eine Schreibmaschinenzeile 25 Pfennig und für einen Wortwitz fünf Pfennig erhielt. Dann stellte er fest, daß er bereits vier Jahre lang pro Monat 75 Mark verdiente für Artikel in der Feldpostzeitung. Die letzte Nummer allerdings erschien schon ein Jahr vor Kriegsende. »Ein deutscher Straßenkehrer bekommt RMark 175.–; aber ich bin eben nur ein Komiker.« Papa war verbittert. Auch das gehörte zu ihm. Das war der »ungeschminkte Valentin«, der Valentin ohne Perücke und Maske.

Nichts entging seinem Scharfsinn. Nichts seinem Auge, nichts seinem Ohr. Ein für andere Leute unbedeutender Zwischenfall an einer Straßenecke, in der Straßenbahn oder in einer Wirtschaft konnte ihm Anregung zu einem neuen Theaterstück sein. Die viel besprochenen Tücken des Objekts spielten bei ihm auch im Alltag ihre Rolle. Ob sich die Objekte bei Papa wirklich tückischer benahmen als bei anderen Menschen, weiß ich nicht. Viele lachten über ihn, nur er selbst hatte nicht viel zu lachen. Er litt unter seiner überspitzten Feinnervigkeit.

Für die meisten blieb Karl Valentin »a Urviech«, und wer ihm begegnete, erhoffte sich im stillen eine kleine Privatvorstellung. Am Mariannenplatz kam ihm freudestrahlend einmal ein alter Freund entgegen:
»Servus Valentin! Ja, wia geht's denn?«
»Grüaß di, Seppe!«
»Ja was is's ... kriag i heut koa Hand?«
»Freili! Da hast alle zwoa ... kannst da oane raussuch'n!«
Beim Friseur fragte er den neuen Gehilfen, der ihn noch nicht kannte:
»Schneiden Sie auch rote Haare?«
Kam er in ein Büro oder an einen Schalter, ging es wie ein Lauffeuer durch die Räume:
»Da Valentin is da!« Alles drängte sich um ihn: »Herr Valentin, Herr Valentin, Herr Valentin – – –!«
Jeder wußte etwas, jeder fragte etwas. Jeder wollte ihn aus der Nähe erleben. Papa ließ sich nicht lange bitten – er erheiterte gerne die Menschen.
Sein Witz auf der Bühne war hintergründig, aber nie zweideutig. Ein Geistlicher unterhielt sich einmal mit meinem Vater. Er sparte nicht an Komplimenten: »Herr Valentin, zu Ihnen kann unsereiner auch hingehen!« Die »Raubritter vor München« hätten ihm besonders gut gefallen, die Sache mit dem Wurm, der »mindestens zehn Zentimeter gelb« gewesen sein soll.
»Des freut mi', Hochwürden, daß Sie in meiner Vorstellung war'n und daß's Ihnen gfalln hat!«
Der geistliche Herr: »Und wie ist es mit Ihnen, Herr Valentin, geh'n Sie eigentlich auch manchmal in *meine* Vorstellung? Am Sonntagvormittag, zum Beispiel?«
Er merkte wohl Papas kleine Verlegenheit, ersparte ihm daher die Antwort und, indem er schmunzelnd ein Auge zukniff, reichte er ihm die Hand: »Auf Wiedersehn, Herr Valentin!«
»Auf Wiedersehn, Herr Pfarrer!«
Das war ein wenig »Don Camillo und Pepone«, wobei Karl Valentin nicht in jeder Beziehung ein Pepone war. Eines jedenfalls trifft zu: er betrachtete die Kirche mehr von außen als von innen. Dennoch, es gab merkwürdige Dinge: so trug Papa in seiner Brieftasche ständig zwei Heiligenbilder mit sich herum. Eines

war die Schwarze Madonna von Altötting; dabei war er evangelisch. Das andere zeigte einen Schutzengel mit riesigen Flügeln, wie er zwei Kinder schützend über einen Steg führt.
Die Schule war ihm verhaßt und er hatte sie umgangen, wo und wie er nur konnte. Trockenes, lebensfremdes Wissen schätzte er nicht. Jedes x-beliebige Experiment – sei es, daß er dem Briefträger beim Anfassen der Türklinke einen elektrischen Schlag verpaßte oder Feuerwerkskörper bastelte und explodieren ließ – all das interessierte Vater weit mehr als die Frage, wieviel Staubfäden die Glockenblume hat oder wie hoch der Mount Everest ist. Seine rege Kinderphantasie und seine naive Abenteuerlust, die allerdings manchmal die Grenzen des Erlaubten überschreiten konnten, machten es ihm schon zeitlich kaum möglich, den ernsten Schulpflichten nachzukommen.
Nach der Volksschule kamen noch einige Jahre Bürgerschule, dann aber: »Nix, wie raus!«
Lieber ein Lehrbub sein! Denn das konnte »zünftig« werden. Und er ließ sich viel einfallen!
Daß mein Vater manuell sehr geschickt war, ist bekannt. Er bastelte mit besonderer Vorliebe. Seine Werkstatt mit Drehbank, Hobelbank und vielem Zubehör zählte zu seinem Lieblingsaufenthalt. Die Bühnenrequisiten machte sich Papa zum größten Teil selbst. Mancher »Meister« wußte mit seinen Aufträgen nichts anzufangen. So mußte er eben selbst Hand anlegen. Zudem war er erfinderisch. 1899 baute er das Modell einer äußerst originellen Wasserrutschbahn, die auf dem Oktoberfest in gewaltigen Ausmaßen als Neuheit die Sensation werden sollte. Diese Rutschbahn war nicht unmittelbar von ihm erfunden worden. Er veränderte lediglich die Konstruktion, die 1898 auf der »II. Kraft- und Arbeitsmaschinen-Ausstellung« auf der Kohleninsel (heute Deutsches Museum) in Betrieb gewesen war. Eine Abbildung aus diesem Jahr ist im Stadtarchiv erhalten. Später entstand ein Zigarrenabschneider, eine ganz kleine Guillotine, naturgetreu nachgebaut. Hier führt schon eine Ideenlinie zu seinem Panoptikum, wo es heiter und schauerlich zugleich zuging. Darüber an anderer Stelle mehr.
Zu Beginn der zwanziger Jahre wurde Karl Valentin Schausteller. Er konstruierte die »Froschbahn«: Hinauf ging's über eine Trep-

pe mit verschiebbaren Stufen, und herunter fuhr man in kleinen Wagen, deren Radachsen exzentrisch in den Rädern saßen – daher das froschartige Gehopse. Mama saß an der Kasse, und ich durfte auf dem Festplatz überall umsonst fahren, wenn ich sagte: »Sie bitt'schön! Darf ich fahrn? Ich ghör zur Froschbahn!«

29

Hoferichter sprach einmal von Valentins »Drang zur Systembildung«. Diese Eigenart untersucht Dr. R., Experte für elektrische Rechenanlagen eines Münchner Unternehmens, das in der ganzen Welt bekannt ist, als Physiker und Mathematiker:
»Vor etwa vierzig Jahren hat Kurt Tucholsky Karl Valentin als ›Linksdenker‹ bezeichnet.
Heute erscheint die Denkweise Karl Valentins jemandem, der sich mit der Programmierung von elektronischen Rechenanlagen befaßt, keineswegs mehr besonders fremdartig.
Ein Problem kann bekanntlich nur dann vom elektronischen Digitalrechner bearbeitet werden, wenn es unter ausschließlicher Verwendung einiger typischer logischer Schlußweisen formuliert ist. Dieses Formulieren des Problems heißt ›Programmieren‹. Eine Haupttätigkeit des Programmierers besteht nun darin, die Gesamtheit aller Ereignisse festzustellen, die auf ein bestimmtes Ereignis folgen können und in Abhängigkeit von der Vorgeschichte das jeweils richtige ›Nachfolge-Ereignis‹ zu bestimmen. Man könnte auch sagen: ›Fallunterscheidung‹ mit anschließender Auswahl der ›zweckmäßigsten‹ Vorgehensweise.
Die Strategie scheint mir ein wesentlicher Zug am Denken Karl Valentins zu sein. Als Beispiel hierfür möchte ich ›Gespräch am Springbrunnen‹, ›Ein Fremder unter Fremden‹ und ›Semmelknödeln‹ anführen.
Damit ein Rechenautomat das Ende eines Arbeitsganges erkennt, muß das Programm hierfür eine ›Endmarke‹ bereithalten. Wenn die Marke erreicht wird, geht der Automat mit Hilfe eines ›be-

dingten Sprungbefehls‹ zur nächsten Arbeit über. Dieser Vorgang ist an sich ein Fundament des Denkens überhaupt, aber seine klare Formulierung erfolgte erst um 1945 durch J. v. Neumann und ist beinahe gleichbedeutend mit der Erfindung des Digitalrechners.
In ›Der Theaterbesuch‹ hat Karl Valentin den Vorgang des Erkennens der Endmarke klar herausgearbeitet: ›Dann mach i halt an Punkt, sonst liest des Rindviech weiter.‹ Ebenso instruktiv hat er aber auch das Beispiel einer nicht gesetzten Endmarke an Hand eines endlos weiterspielenden Zitherspielers gegeben.
Das Programm eines speicherprogrammierten Digitalrechners bestimmt, ob der Inhalt einer Speicherzelle als Instruktion für die Maschine oder als Rechengröße zu betrachten ist. Diese Doppelnatur eines Begriffs im Hinblick auf ein übergeordnetes Steuerprinzip hat Karl Valentin z. B. in ›Sonderbarer Appell‹ dargelegt. Worte der Anweisung sind hier zugleich Namen der Betroffenen.
In vielen Fällen hat der Digitalrechner die Aufgabe, alle einen Gegenstand oder Begriff kennzeichnenden Eigenschaften zu überprüfen und die interessierenden auszuwerten. Dazu müssen diese Eigenschaften vorher vollzählig erfaßt und dem Gedächtnis des Digitalrechners eingegeben werden. Wenn ein Programm aber Eigenschaften berücksichtigt, die für den vorliegenden Fall unwesentlich sind, ergeben sich unerwünschte Effekte.
Offenbar hatte Karl Valentin ein außerordentliches Gedächtnis für die Gesamtheit der einem Begriff eigentümlichen Eigenschaften. Er gibt jedenfalls oft Gesprächen dadurch eine unerwartete Wendung, daß er eine, im Augenblick fernliegende Eigenschaft des in Rede stehenden Begriffes heranzieht. Als Beispiel sei ›Die Erbschaft‹ angeführt: ›Ich freue mich wie ein Kind‹ – dabei handelt es sich um die Vorfreude auf ein unbrauchbares Liliputanerbett. Abgewandelt liegt dieses Prinzip der von ihm oft geübten Verwendung synonymer Begriffe und Worte zugrunde.
Schließlich ist noch auf sein Verfahren hinzuweisen, Gesamtbegriffe in ihre Teile mit je gänzlich anderer Bedeutung zu zerlegen. Als Beispiel soll: ›Vor Gericht‹ dienen, in dem eine Frau mit dem Gesamtbegriff ›dumme Gans‹ belegt wird. Dies führt

zur Feststellung: ›... dafür, daß meine Frau keine Gans ist, habe ich Beweise.‹

Die zuletzt angeführten Beispiele erinnern an Fragen, die bei der maschinellen Sprachübersetzung auftreten, einem Problem, an dem möglicherweise die Grenzen des heutigen Digitalrechners sichtbar werden.

In der Vorwegnahme von Denkmethoden der Automation sehe ich das Genie Karl Valentins.«

Karl Valentin bekannte einmal: »Immer denkt's in mir!«

Das hätte er manchmal gerne abgestellt, denn nicht nur Humorvolles – auch schwarze Gedanken überfielen ihn:

»Mädi, geh', hol mir a Schachterl Zigaretten rauf!« Damals war ich zehn Jahre alt. Ich wollte gerade meinen Mantel anziehen, um die Wohnung zu verlassen, da rief mich Papa zurück: »Mädi! Bleib da – i brauch keine...!«

Ich nahm an, er habe noch welche zuhause vorgefunden, und zog mich wieder aus. Nach ein paar Tagen stellte sich heraus: »Woaßt du eigentlich, warum i neulich koane Zigarett'n mehr braucht hab?! Mir is' auf einmal der Gedanke komma: Du kunnt'st von da Trambahn übafahrn werd'n, nur wegn meine lächerlich'n Zigarett'n ... i hätt' mi' um'bracht! Drum hab' i g'sagt: i brauch koa.«

Karl Valentin war nicht nur von Asthma geplagt; es waren auch seine Neurasthenie, seine Hypochondrie und seine Depressionen, die schwer auf ihm lasteten.

»Ich hab' Angst vor der Angst! Und die kommt wia a schwarze Wolk'n auf mi zua!«

Die wenigstens wußten, *wie* traurig und verzweifelt der Komiker sein konnte. »Echter Humor will erlitten sein« – ein Wort von Hoferichter.

»Ewige Gesundheit und an Leibarzt« wünschte er sich. Ein solcher Leibarzt hatte ihm einmal Kummer bereitet. Papa war ein Eisenstäubchen ins Auge geflogen. Er bekam so große Schmerzen, daß er den Doktor kaum erwarten konnte.

Nach nochmaligem Anruf war der Arzt dann etwas verlegen erschienen:

»Ja, Herr Valentin, ich hab g'meint, Sie mach'n einen Witz!«

»Na, Herr Doktor, i bin net nur a Komiker, i bin auch a ernster Mensch!«
Und er wollte ernst genommen werden, so sehr er sich freute, wenn man seinen Witz verstand.
In Wien, wo er mit großem Erfolg gastierte und allen Grund zum Lachen gehabt hätte, fühlte er sich einsam und lebensüberdrüssig. Da schloß er sich, um auf andere Gedanken zu kommen, einigen zünftigen Kollegen an. Sie pilgerten zusammen durch das schöne Wien und waren bester Stimmung. Bis auf einen! Sie kamen an einem Trödlerladen vorbei und weil sie gerade Zeit hatten, gingen sie hinein. Über jeden der verstaubten Gegenstände machten sie ihre Späße. Der Verkäufer hatte seine Freude an dem lustigen Verein und war auch sofort dienstbeflissen.
Papa war – mit Abstand – immer zurückgeblieben. Plötzlich kam der Verkäufer, der keinen der Herren kannte, auf Karl Valentin zu, zeigte ihm eine Clownmütze und meinte:
»Da hab' ich was für den Herrn ... der Herr is' doch sicher ein Zirkusclown!«
Entrüstet zischte ihn Vater an: »Warum sagen S' denn des zu mir? De Herren da vorn' san doch vui lustiger und mach'n de ganze Zeit G'spaßl. I bin doch wirkli' net lustig ... sehn S' denn des net?«
Aber der Menschenkenner ließ sich nicht abbringen und beteuerte mit Nachdruck: »Na, na ... des is' scho was für Sie!«
Papa war gekränkt, weil man seine wirkliche Traurigkeit nicht respektierte.
Aus einer Notiz geht hervor, daß seine Nerven in den zwanziger Jahren zu kränkeln begannen. »Geschäftlich blieb alles beim alten, es kamen Revolution und Inflation und die Nerven der Menschen wurden auf eine harte Probe gestellt. Ob Kriegsteilnehmer oder nicht, die meisten hatten – bis auf eine gewisse Sorte – mehr oder weniger darunter zu leiden. 1918 traten wir, Liesl Karlstadt und ich, im ›Serenissimus‹ auf. Wir erheiterten unser Publikum unter Kanonendonner und Maschinengewehrgeknatter und waren keinen Augenblick sicher, ob das Haus nicht von einer Granate durchbohrt würde.
Und da überkamen mich eigentlich zum erstenmal Gedanken, die ich bisher nicht kannte. Ich verscheuchte sie mit einigen Gläsern

Wein. Aber sie kamen wieder! Diese Zustände quälten mich so sehr, daß ich bei Ärzten Hilfe suchte. Mein Hausarzt verschrieb mir zwanzig lauwarme Frottagebäder! Dann bekam ich Arsenikspritzen verabreicht. Ich ließ mich hypnotisieren, aber alles verlief erfolglos. Meine Angstgefühle nahmen zu, und ich sah mich schon in einer Nervenanstalt landen! Täglich quälte mich etwas neues. Von meinem 35sten bis zu meinem 47sten Lebensjahr hatte ich 47 Ärzte konsultiert. Ich suchte auch zwei namhafte Individualpsychologen auf; ich ließ nichts unversucht.
Da las ich in einem Wartezimmer die Erzählung von einem Frosch, der in einen Milchtopf gefallen ist und dem Tode geweiht war. Aber er gab nicht auf! Er strampelte und strampelte, bis die Milch zu Butter wurde und er gerettet – obenauf saß.«
Dieses psychologische Märchen machte Papa Eindruck, und wenn er wieder seelisch am Boden zerstört war, sagte er: »I muaß halt wieder strampln wia da Frosch, na werd's scho' werd'n!«
Erlebnisse, mit denen ein stabiler Mensch fertig wird, hinterließen bei Karl Valentin einen Schatten und zerrten an seiner angeschlagenen Gesundheit.
So kam er einmal ganz verstört nach Hause, und als wir ihn fragten, was er denn habe, meinte er – nach kurzer Überlegung: »Eine Rettungsmedaille bekommt doch jeder, der einem Mitmenschen das Leben rettet, net? Das ist doch eine Auszeichnung…«
Wir schauten Papa ziemlich verständnislos an. Wir wußten nicht, worauf er hinauswollte. »Wie ist das aber, wenn einem ein Fahrrad das Leben rettet? Da müßte doch dann ein Fahrrad auch eine Medaille bekommen … aber ich glaub' kaum, daß sich ein Radl geehrt fühlt! Mir hat nämlich grad mei Fahrradl s'Leben gerettet! Ich wollt' doch den Direktor Valé b'such'n. Ein guter Geist hat mir ein'gebn: Nimm' dei' Radl mit! Und das war mein Glück. Ich bin also in sein'n Gart'n rein und hab's Radl g'schob'n. Auf einmal saust ein großer Wolfshund zähnefletschend – natürlich ohne Beißkorb – auf mich los. Der hätt' mich zerfleischt, wenn ich ihn nicht mit mein'm Radl abgehalt'n hätt'. Ich hab' natürlich um Hilfe g'schrien. Seine Haushälterin wollt' den Hund wegzieh'n – hat's aber nicht g'schafft. Zum großen Glück war grad ein Gärtner in sein'm Anwes'n beschäftigt … der hat'n dann mit

einem Prügel vertrieb'n. Und jetzt geh' i und laß mei' Radl vergold'n!«
Papa ging wirklich, aber nicht zum Goldschmied, sondern ins Bett. Den Schrecken mußte er ausschlafen.
Kismet! Dieses Wort führte er oft im Munde.
»Vom Leben zum Tode ist nur ein Schritt! Wär' ich gestern in der Morassistraße tatsächlich noch einen Schritt weitergegangen, wär' mir ein großer, schwerer Blumentopf vom vierten Stock eines Hauses direkt auf den Kopf gefall'n. Trotzdem in dem Topf keine Vergißmeinnicht, sondern Geranien drinn waren, werd' ich diesen ›Fall‹ nie vergessen!«
Papa hatte Angst vor dem Sterben. Professor Sauerbruch lud Vater zu sich in die Chirurgische Klinik ein. Er sollte sich einer gründlichen Untersuchung unterziehen, drei Tage lang. Von außen nach innen, von oben nach unten und von hinten nach vorne. Alles war in bester Ordnung. Nur eine Kleinigkeit wurde beanstandet: die Lunge war zu groß und der Brustkorb zu klein. Sauerbruch hatte einen guten Einfall: »Wir sägen den Brustkorb durch und verlängern ihn – anstückeln sozusagen.« Papa war sich nie darüber klar geworden, ob das ernst gemeint war, oder ob sich der weltberühmte Professor einen Spaß mit dem Komiker erlaubt hatte. Vorsichtshalber verließ Karl Valentin den Ort des Grauens, nicht ohne der Krankenschwester einen Geldschein aufs Nachtkästchen gelegt zu haben. Er wußte, was sich gehörte, und türmte mit unverlängerten Rippen.
Zu seiner Ehre muß ich sagen: Papa war kein Feigling! Er war sogar sehr tapfer, wenn es galt, Schmerzen zu ertragen, deren Ursache er kannte. Nervös wurde er nur, wenn er sie sich nicht erklären konnte. Die Ungewißheit regte ihn auf.
Er fürchtete sich auch nicht vor Einbrechern, obgleich er alle erdenklichen Sicherheitsvorkehrungen traf – bis hinauf zur Sirene, die am Speicher montiert war.
Aber Papa ging ohne Zaudern – auch bei Dunkelheit – sofort in den Garten hinaus, wenn er ein verdächtigtes Geräusch wahrnahm. Die Hand am Revolver, durchsuchte er jeden Winkel. Da kannte er keine Furcht – nur wir zitterten um den Vater.
Der Revolver, den er laut polizeilicher Genehmigung tragen durfte, gab ihm wohl das Gefühl der Sicherheit.

»I fürcht mi net, nur des, was ma' net siecht ... d'Geister zum Beispiel ... de san ma unheimlich.« Und im gleichen Atemzug versicherte er:
»I woaß zwar, daß's koane Geister gibt ... aber scheinbar gibt's doch sowas, was ma net siecht!«
Das Geheimnisvolle, das Undurchschaubare machte ihm zu schaffen. Jede Art von Unklarheit gab ihm zu denken.
Sorgenvolle Tage und schlafgestörte Nächte bereitete ihm ein Unbekannter. Das war im Jahre 1922. Papa begegnete auf der Straße einem in Zivil gekleideten Mann, der ihn – wie so viele andere – freundlich grüßte.
»Bekannt is' ma Ihr G'sicht ... aber i wüßt net woher ...?
Der Angesprochene half nach: »Vor drei Wochen war ich bei Ihnen; a schwarze Uniform hab' ich an! Und nächste Woche komm' ich wieder! Auf Wiederschaun, Herr Valentin!« Weg war er.
Und nun sann Vater hin und her: »Schwarze Uniform ... vor drei Woch'n ...«
Vor drei Wochen war seine Mutter verstorben. Aha! Die schwarze Uniform – ein Leichenträger. Soviel war klar. Und in acht Tagen kommt er wieder, was wollte er damit sagen ...? Sollte das ein Witz gewesen sein? Dann war's ein schlechter – absolut nicht zum Lachen. Oder sollte gar ... er selbst ... oder vielleicht ...
Bis eines Tages der Kaminkehrer an der Türe erschien:
»Na, Herr Valentin ... kennen S' mich wieder? Schwarze Uniform! Ha ha ha!« Und er schüttelte sich vor Lachen.
Papa hatte sogar Angst eingeladen zu werden. Wenn die Gastgeberin das Feinste aufgetischt hatte, konnte es vorkommen, daß er nichts von den liebevoll dargereichten Schmankerln nahm, aber um ein hart gekochtes Ei bat. Das fand Papa appetitlich, weil er eigenhändig die Schale entfernen konnte und das Innere des Eis von Menschenhand unberührt wußte.
»Wie oft erlebt man, daß in der Küch' genäht wird – wie leicht kann da eine Nadel ins Essen fallen; ich dank schön für so eine Mahlzeit!«
Einmal fiel sein Blick in die Küche des Hauses, er sah, wie der kleine Pepperl die Finger in den Kuchenteig tauchte. Die Mutter

Valentin und Liesl Karlstadt in der Szene »Schwierige Auskunft«

Szene aus dem Film »Der Antennendraht«

Szene aus dem Film »Im Foto-Atelier«

Szene aus dem Stück »Das Christbaumbrettl«

Bei Dreharbeiten für den Film »Die verkaufte Braut«
Regie: Max Ophüls

Szene aus dem Film »Der neue Schreibtisch«

Mit Liesl Karlstadt in der Szene »Semmelknödl«

Als Zuschauer im Berliner Olympiastadion

Engagement im Berliner »KdK«, 1935

In der Szene »Der Zithervirtuose«

Als Schneidermeister

Mit seinem Kollegen Weiß Ferdl

wischte ihrem Herzilein den Teig von den süßen Patschhanderln und vermengte ihn mit dem übrigen. Der Kuchen ging seiner Vollendung entgegen. Und wurde verspeist. Nur *einer* bat um Kekse! Am liebsten hätte er Reißaus genommen.

Ein besonderes Kapitel war das Reisen.

»Jaa, ... wenn ich selber auf der Lokomotiv' fahren derfat ... das wär' was anderes ... da tät ich scho' liaba Eisenbahn fahrn! Aber sich einem völlig fremden Menschen anvertraun ... dem kann doch auch plötzlich schlecht werd'n ... oder er kann einschlaf'n ...! Oder sonst etwas. Am glücklichsten is' meiner Meinung nach der dran, der gar nix von der Technik vasteht – und der, der alles versteht. Und ich g'hör weder zu de oana, noch zu de andern. I lieg in da Mitt'n drin und des is schlecht. Und außerdem will ich ja garnicht aus Münch'n fort! Des schönste Haus g'fallt mir erst dann, wenn's in München steht.«

Zum »ängstlichen Valentin« noch eine Zeitungsnotiz:

»Im Freundeskreis schilderte Karl Valentin, was er sich einmal für ein Gartenparadies schaffen würde, mit einem ganz kleinen Urwald dazu und mit vielen wilden Tieren – das wird schön werden, wenn nix dazwischen kommt. Als man ihn fragte, was denn dazwischen kommen könnte, antwortete er nachdenklich: ›O ... alles mögliche ... die Sintflut ... Erdbeben ... Lawinen ... aber das ist nicht das Ärgste! Vor die Menschen hab' i Angst! Und vor allem ... vor die Hunnen!‹«

30

Auf der Bühne ein Original und im Alltag ein Sonderling. Das war mein Vater – mein Papa. Er war eigentlich kein Pap*a* für mich, sondern ein Pappa, mit zwei ›p‹. Genau genommen war er auch kein Pappa, sondern ein ›Babba‹. Mit hellem ›a‹. Als älterer Babba – alt war er ja nie – wünschte er sich einmal, man möge ihn doch ›Häuptling‹ nennen. ›Babba‹ käme ihm plötzlich so kindisch vor. Wir, Mama und ich, gaben uns die größte Mühe:

»Guten Morgen Häuptling!« »Häuptling ans Telefon!« Und doch, es klappte nie so richtig. Entweder lachten wir oder er. Schließlich sind wir wieder beim »Babba« geblieben. Der Häuptling gab nach.

Soviel er als Künstler gefeiert wurde, als Privatmann waren ihm Gratulanten eher zuwider.
Am Silvesterabend, kurz vor 12 Uhr, flüchtete er sich gerne in eine »kleine abgeschlossene Kabine«. Er mochte schon das viele Händedrücken nicht.
Um nicht gedrückt zu werden, reichte er oft nur den Zeige- und Mittelfinger. Vor feuchten Händen ekelte es ihn. Und außerdem hatte er Angst, man könne ihm Bazillen übertragen.
Jedes Jahr an seinem Geburtstag erklärte er:
»Ich hab's ja dick, des ›Gratuliertwerd'n‹« – nahm aber trotzdem die familiären Bussis und Geschenke gütigst entgegen.
An einem 4. Juni übersahen wir aus Spaß einmal bewußt seinen Festtag. Aber schon am andern Tag, früh morgens, murmelte Vater grimmig vor sich hin.
»Was ist denn los, Papa...?«
»Wieso? Nix ... ach so ... ich hab' nur g'sagt, daß gestern mei' Geburtstag war. Aber des is' ja net wichtig!«
Genauso hatten wir uns das vorgestellt: wir kannten ja schließlich seine Eigenheiten! Und Papa bekam spontan seine Busserln nachgeliefert und wir feierten eben am 5. Juni den Vierten.
An seinem 50. und 60. Geburtstag mußte er vieles über sich ergehen lassen. Zu den schönen Dingen gehörte ein Brief von Wilhelm Hausenstein (es wäre schade um jedes weggelassene Wort):
»Mein lieber, herzlich verehrter Valentin! Ich hätte gerne der Bewunderung und Liebe, die ich für Ihre Kunst, der Freundschaft, die ich für Ihre Person empfinde, durch einen Artikel in der Öffentlichkeit Ausdruck gegeben; aber Sie haben sich so sehr gesträubt, haben es eigentlich so nachdrücklich und allgemein verboten, daß ich nicht wagte, etwas zu machen. Es kam hinzu, daß ich mich so oft, so leidenschaftlich zustimmend über Sie öffentlich geäußert habe, daß ich – offen gesagt – um etwas Neues einigermaßen in Verlegenheit gewesen wäre.
Es kam endlich hinzu, daß ich nicht weiß, ob Ihnen ein Aufsatz

von mir besonders willkommen gewesen sein würde: Wie Sie wissen, gelten wir zwei, Sie und ich, ohnehin als ›verheiratet‹ und die Leute würden natürlich gesagt haben: versteht sich, sind ja eh' zwei Spezl'n.

Dies ist der Grund, vielmehr: dies sind die Gründe, weshalb ich diesmal nicht öffentlich über Sie gesprochen habe, wie ich es – dem Herzenstrieb nach – weiß Gott, gern getan haben würde!

So müssen Sie mit meinen sehr privaten Glückwünschen vorlieb nehmen, mit den meinen und mit denen meiner Frau – aber Sie dürfen auch ganz gewiß sein, daß nicht leicht jemand Ihnen inniger und verehrungsvoller gratuliert, als wir es tun. Und wirklich: von Gratulieren läßt sich Ihnen gegenüber wirklich noch reden. Dann: bilden Sie alter Hypochonder sich ja nicht ein, daß Sie ein alter Mann seien, weil Sie 50 sind! Ein alter Hypochonder sind Sie schon, aber ein alter Mann sind Sie nicht. Ihre Beobachtung ist so genau wie je, Ihre Phantasie, Ihre Erfindungskunst so lebendig, so unerhört wie immer: Sie stehen nicht am Ende, sondern in der Mitte Ihrer Bahn – auf dem Scheitel des Daseins, und nun denken Sie bitte daran, daß es Scheitel gibt, die sehr langgezogen sind (nicht bloß bei den Leutnants aus den Fliegenden Blättern). Wir sind alle überzeugt, daß wir Sie zum wenigsten nochmals ebenso lange Zeit auf der Bühne sehen werden, wie wir Sie bisher, d. h. seit guten zwei Jahrzehnten, schon sehen konnten, und daß also das Werk Karl Valentins zum wenigsten noch einmal so groß sein wird, als es jetzt schon ist.

Wir alle, die von Ihnen eine etwas genauere Vorstellung haben, wissen, daß Ihnen das Leben nicht leicht auf der Seele liegt; wir wissen, daß die Genialität Ihrer Komik ihre Quelle in Lebensschmerzen hat, deren natürliches Gegenstück sie – diese Komik – eben ist; Ihre Komik wäre nicht so wunderbar, wenn Ihre Seele nicht so viele Wunden hätte. Man darf es wahrhaftig sagen: Sie haben das Fabelhafte Ihrer Komik mit den Nöten bezahlt, die Ihr inwendigstes Leben Ihnen auferlegt. Darum aber sind Sie auch unserer Liebe, Verehrung und Dankbarkeit so besonders gewiß!

Lieber Herr Valentin und, so darf ich gewiß sagen, lieber Freund: dies alles wissen Sie ja aber schon, und wenn es öffentlich ebenso gesagt werden konnte, so mußten Sie es doch immer

schon fühlen, ja? Auf alle Fälle soll es aber in diesem Privatbrief einmal recht gründlich gesagt sein, damit Sie's wissen und gar nie daran zweifeln können.
Nun seien Sie von uns beiden auf's Allerherzlichste gegrüßt und glauben Sie an die treuen Wünsche Ihrer allzeit aufrichtigen Freunde.

Hausenstein«

31

Daß Karl Valentin eine Faschings-Kanone gewesen sein müsse – diese Vermutung kann eigentlich nur derjenige haben, der von meines Vaters Mentalität nicht die geringste Ahnung hat. Dem könnte man aber entgegenhalten, Valentin habe doch auch beim Faschingszug mitgemacht: »Gruppe 122, ›Eine Valentiniade‹; Idee, An- und Ausfertigung von Karl Valentin und Liesl Karlstadt.«
Die Zeitung schrieb: »Der treffendste Witz unter den Faschingsspäßen war der Wagen des Münchner Humoristen Karl Valentin. Ein stattlicher Wagen, halb leer, mit Farbtiegeln, Maßkrügen und anderen Werkzeugen, Gestänge und Gerümpel: ›Entschuldigens, wir sind mit dem Wagen nicht fertig 'worn!‹«
Einmal juckte es Valentin doch, maskiert zu gehen – aber das soll er uns selber erzählen:
»›Der Maskenball der Kammerspiele findet am Soundsovielten im Deutschen Theater statt – die originellsten Masken erhalten eine Prämie von 100 Mark.‹ Diese 100 Mark spürte ich schon in meiner Brusttasche, denn das originellste Maskenkostüm hatte ich – *einen Taucheranzug*. Als Taucher ist doch sicher noch niemand auf einen Maskenball gegangen – und ich ging. Aber es war eine Täuschung meinerseits. Was es für eine Arbeit ist, einen Taucheranzug anzuziehen, das weiß nur ein Taucher. Eine volle Stunde arbeiteten zwei Personen an mir, bis der Taucheranzug, der aus einem Stück gearbeitet ist, angezogen war. Zum

Halsloch muß der ganze Körper bis auf den Kopf hineingezwängt werden, und als dies geschehen war, setzte man mir den Helm auf, welcher mit einem Schraubenschlüssel an dem Metallring des Halsauslaufes befestigt war. Man hängte mir noch verschiedene schwere Luftapparate um, zog mir außerdem noch 30 Pfund schwere Bleisohlenschuhe an und ich stand fix und fertig als Tiefseetaucher in der Garderobe des Deutschen Theaters im dritten Stockwerk. Daß wir zum Anziehen eine Garderobe im dritten Stock wählten, war schon ein Hauptereignis und ich wette, Sie würden heute pro Person fünf Mark bezahlen, wenn Sie diesem Lustspiel, betitelt ›Der Taucher im Stiegenhaus‹ nochmals zusehen könnten. So wie ich im Innern des Anzugs geflucht und geschimpft habe, so haben meine zwei Begleiter in der Außenwelt gelacht. Ich frettete mich bis in das Parterre, stieß an allen Ecken und Enden an und war endlich im Tanzsaal angekommen. Aber welch ein Malheur – die Polonäse, bei welcher die Maskenprämiierung stattfand, war schon längst vorbei, und man tanzte schon den dritten Walzer. Wer konnte verlangen, daß ich in diesem zwei Zentner schweren Taucheranzug im Walzertempo dahinschwebe? In Schweiß gebadet verließ ich mit meinen zwei Führern den Tanzsaal, und nun kam das Denkwürdige an der Sache. Naturgemäß steigt der Taucher immer in die Tiefe, nun mußte der Taucher ausnahmsweise mal in die Höhe steigen und zwar in die drei Stock hohe Garderobe zurück. Niemand, auch ich nicht, dachte daran, daß ich mich doch auch im Parterre hätte ausziehen können, erst als wir glücklich im dritten Stock angelangt waren, leuchtete uns das ein. Und wiederum verging eine gute halbe Stunde bis man mich mit Aufbietung aller Kräfte aus dem Gummischlund herauszog. Erschöpft, zerknittert und ermattet saß ich da und habe die Überzeugung gewonnen, daß ein Taucher nur ins Wasser gehört und niemals in einen Tanzsaal.«
Besonders fröhlich sind auch folgende Gedanken Valentins über den Fasching nicht:

»Konfetti

O mei – war das ein trauriger Fasching, als ich noch jung war – so um 1890. Keine Konfetti, keine Watteballen, keine Papierbretschen, gar keine Juxartikel hat es damals gegeben. Wir tanzten am Ball nur harmlose Walzer – Schottisch – Mazurka – Polka und Francaise; nach dem Tanzen führten wir unsere Tänzerinnen an den Tisch, machten harmlose Witze und dergleichen oder usw., usw.

Ja! hätten wir damals Papierkugeln besessen, wie besessen hätten wir da unseren Nachbarn einige hundert Stück an den Kopf geschmissen und ins Essen hinein oder in das Bier- oder Weinglas. Und hätte sich der humorlose Herr geärgert, hätten wir ihm noch eine Handvoll Konfetti in den offenen Mund geschüttet, daß er fast erstickt wäre. Ja ja, die jetzige Faschingsgeneration hat es leicht mit der Unterhaltung. Einige ›Nörgler‹ behaupten zwar, es wäre eine Ungezogenheit, fremden Menschen staubiges Papierzeug ins Gesicht zu schmeißen, daß man eine halbe Stunde lang nichts mehr sieht, aber jemand, der Humor versteht, findet eben gerade darin den Witz, wenn der andere gleich zum Augenarzt gehen muß, um sich die Faschingsreste von der vergangenen »tollen Nacht« mit der Pinzette aus den Augäpfeln herausholen zu lassen. Wie fad sind solche Mitmenschen, die sich am Faschingsdienstag auch noch darüber aufhalten, daß ihnen einer mit einer Papierbretsche ins Gesicht schlägt. Ja mit einem Eisenhammer wäre es schließlich kein Witz, aber so mit einem harmlosen Pappdings kann doch wirklich kein Schaden angerichtet werden, höchstens kann einem das Augenglas entzwei geschlagen werden, dann soll halt ein so kaprizierter Mensch an so einem Tag zu Hause bleiben. Daß der Münchener wirklich Humor besitzt, das sieht man alljährlich beim Faschingszug. Wie ausgelassen gebärdet er sich dabei, Heiterkeit und Fröhlichkeit kann er nicht zügeln. Und wenn auch Auswärtige behaupten, die Münchener benähmen sich beim Karnevalszug genauso wie bei einem Leichenzug, das irritiert den Münchener nicht im geringsten, er läßt sich in seiner Gemütlichkeit und in seinem angeborenem Humor nicht bändigen, denn er weiß, nur einmal im Jahr ist Fasching – und da will er lustig sein – wenn's ihm auch schwerfällt. Na, na, so leicht machen wir uns das auch nicht, daß wir einfach bloß hergehen beim Faschingszug und 's Lachen und 's Schreien anfangen. So einfach können wir das gar nicht, denn kaum reißt man den Mund auf zu einem fröhlichen G'schrei, bums, hat man schon von irgendeinem solchen Witzbold einen Haufen Konfetti ins G'schau hineingeworfen bekommen, daß es einem bis ganz hint im Halse stecken bleibt. Und wenn du zufällig noch eine extra Portion in die Augen kriegt hast, nachher schreist scho von ganz allein, wann dir der Sanitätsmann mit seiner Pinzetten die ganze Bescherung wieder einzeln unterm Augenlid hervorziagn muß! Zum Spaß, mei Liaber, ist der Münchener Fasching net do, da hört sich der Spaß auf! Und amüsieren, wannst di willst, hättst halt heimgehn solln, zu deiner Altn, die amüsiert si nacha scho, wanns dir die Konfetti aus deim Mantel und deine Hosentascherln und aus an jeden Knopfloch einzeln wieder rausklaubn und bürstn ko! Da siehgst as wieda: Ohne Konfetti gibt's überhaupt ka Amüsement net. Mit was, Herr Nachbar, sollst di vielleicht amüsiern, wannst net amoi Konfetti hast? Mitn Herzn? A, geh weiter mit so an Schmarrn! Zu was brauchst denn nachha no 's Herz a, wannst schon a Konfetti hast...!«

32

Michl Ehbauer, der gebürtige Amberger, einer der erfolgreichsten Mundartdichter unserer Zeit, bezeichnete sich selbst als den »Erfinder der Bayrischen Krawatte« mit weißblauem Rautenmuster. Er verfaßte nicht nur Hörspiele und Einakter; er war auch einer der besten Krüglredner. Daß er Maßkrugredakteur war, erzählt er selber in einem Geburtstagsgedicht für Karl Valentin. Darin heißt es:

»Als ich ›Maßkrugredakteur‹, gaben Sie sogar sich her
und hab'n für mei' Blattl gliefert. Da Franze hat koa Geld abgliefert,
weil ma allzwoa nix vadeant, damals hab'n ma halt no glernt.
Aber die Erinnerung gibt mir heut' den rechten Schwung,
einem Münchner z'gratuliern – s'Ritterkreuz taat eahm gebühr'n
zu dem Orden für Humor – als Ritterstern stell i mir's vor. Denn:
Wer aus Logik Unsinn zieht, der is' ganz groß auf dem Gebiet.«

Im August 1924 erschien der erste »Maßkrug«. Und die elfte Maß schlürfte man im Juni 1925. Auf dem Titelblatt des ersten Heftchens stand: »Alle sind sie ihm ergeben«. (Dem Maßkrug natürlich.)
Papa lieferte für die ersten beiden Hefte »Die Loreley« und »Die Obsthausiererin«. Vom Greiner Wiggerl stammen die humoristischen Zeichnungen. So zum Beispiel »Valentin und sein Aquarium«, »Valentins boshafte Posaunenverse«, »Dudl-G'stanzl« sowie eine Rätselfigur: »Wer ist's?«

Michl Ehbauer regierte uns in den närrischen Wochen im Jahre 1938 als Michl der Erste. Er war auch Mitglied der »Turmfalken« und der »Damischen Ritter«. Als »Michl Ex« hatte er für Freitag den 13. und Montag den 16. Februar 1953, die Münchner und die Zuagroast'n zum »Fest der damischen Ritter« in den Löwenbräukeller geladen. An diesen beiden Abenden zog nicht nur »Herzog Kasimir der G'wamperte« ein, sondern auch etliche Raubritter. Die Raubritter vor München! Und im Programm stand zu lesen:
»Ein damisches Ritterspiel von Michl Ehbauer – frei nach Karl Valentin – unter persönlicher Mitwirkung von Liesl Karlstadt.«
Im Kriegsjahr 1942 bekam Papa eine Urkunde überreicht:

»Abs. Se. Ex-Tollität Prinz Michl I. von Narrhallesien.
eh Bauer gewesien – haben Sich allergnädigst bewogen gefunden, den *Münchner Karl Valentin Fey* als wirklichen und echten Komiker in den vorübergehenden Adelsstand herauf zu heben.
Des weiteren sei dem Genannten für die un- und außergewöhnlichen Verdienste ›der Erhaltung der Lebensfreude seiner Mitmenschen‹ anläßlich eines fortgesetzten Lebenswandels der *Ritterstern zum Rittersporn* schuldvollst verliehen.
Der Orden ist bei allen Anlässen unsichtbar zu tragen.

Michl ex.

(Der Orden wurde aus einem neuen abstrakten Geheimwerkstoff als phantastisches Schmuckstück in der höflichen Luftprägeanstalt hergestellt.)«

Im Dezember 1964 hieß es in der Abendzeitung:
»Kurz vor seinem 65sten Geburtstag verließ uns Michl Ehbauer, dieser liebenswerte Bayer, für immer. In seinem Testament habe er vermerkt, er möge kein Staatsbegräbnis, sondern a stadt's Begräbnis: Man beerdigte ihn wunschgemäß in aller Stille im Westfriedhof.«

33

Ein Urmünchner aus der Westermühlstraße ist Georg Blädel. Einer der letzten namhaften Volkssänger. Er hat das Gemüt eines Kindes und die Länge eines Riesen.
»Guat war er scho', dei Papa ... aber der Größere bin i! Ich bin nämlich fast 1.90 m hoch!« Da hat er recht, da Blädel. Papa war nur 1,76 m.
Er hat's nicht leicht, der Schorsch! Er, der selbst eine Type ist, hat sich in Valentin hineinzupressen: man hat ihn zum Valentin-Interpreten gemacht.
Theo Riegler schrieb:
»Auch als Valentin-Interpret hat sich Georg Blädel einen Namen gemacht. Dabei ist zu rühmen, daß er sein unerreichbares Vorbild nicht kopiert, sondern auf eine eigene Art versucht, es dem Publikum pietätvoll nahezubringen.«
Blädel selbst erklärte, daß er Valentin nur zweimal auf der Bühne gesehen, ihn aber persönlich gut gekannt habe.
»Und i bin eigentlich froh, daß ich ihn net öfters g'sehn hab' auf der Bühne, sunst könnt's ma vielleicht doch passiern, daß ich ihn nachmachat – und des will ich net.« Zu der oft diskutierten Frage, ob man Valentin nachspielen könne, meinte Blädel:
»Da ich von vielen Leuten immer wieder gebeten werde, Valentin-Szenen vorzutragen, aber Bedenken habe, in den Ruf zu kommen, Valentin den Zweiten spielen zu wollen, möchte ich die Frage einmal öffentlich erörtern. Ich bin ein zu großer Valentin-Verehrer und möchte ihn nie kopieren, weil man das wegen seiner Einmaligkeit nicht kann, sehe aber gleichzeitig die Möglich-

keit, Valentins Szenen nicht in Vergessenheit geraten zu lassen.« Er spielt sie also! Und wie er sie spielt, darüber Karl Spengler 1961 im Münchner Merkur:
»Der Blädel Schorsch im Isartor: ... Der Text ist Valentin; aber was macht dieser Erzhumorist Georg Blädel daraus – einen hilflos zappelnden, herrisch auftrumpfenwollenden, pfiffigen, in die Netze einer dreißigjährigen Ehe verstrickten Junggesellen, ein Stehauferl, das hundertmal geduckt, sein bemostes Haupt immer wieder über die Hochwasserlinie der hochgehenden Ehewogen hebt. Nachgestaltet aus Eigenem, ist Georg Blädel nicht Kopie, sondern Original. Kein Valentinianer, sondern ›selber aner‹.«
Im Jahre 1937 waren sie beide – Valentin und Blädel – bei Benz engagiert, unabhängig voneinander.
Papa hat ihn gut leiden können, nur einmal hatten sie eine harmlose briefliche Auseinandersetzung. Valentins Brief:
»Sehr geehrter Herr Blädel! Vor kurzer Zeit brachten Sie im Rundfunk ›Aprilscherze‹, zwei Strophen, deren Text von jenem Couplet stammt, welches ich im Jahre 1908 verfaßt habe. Dieser Text wird Ende April im Münchner Runfunk auf Platten geschnitten. Es ist mir daher peinlich, wenn die Hörer irregeführt werden und annehmen: ›Aha, des hat da Valentin an Blädel nachg'macht.‹ Ich habe nichts dagegen, wenn Sie diese zwei Strophen für Ihre Bühnentätigkeit verwenden, möchte Sie aber ersuchen, im Rundfunk meine Texte nicht mehr zu bringen.

Mit den besten Grüßen
Karl Valentin.«

Dazu die Antwort:
»Sehr geehrter Herr Valentin! Auf Ihre geschätzte Zuschrift vom 6. 4. 38 teile ich Ihnen folgendes mit. In der ›Aprilscherz-Sendung‹ am 1. April 38 handelte es sich hauptsächlich um die Vorführung des Ultravok-Hochfrequenz-Wellenapparates. Ich habe nun eine Unmenge dieser sogenannten Kalauer-Verse – teils von meinem Vater und teils im Druck erschienen. Es war bestimmt nicht meine Absicht, von Ihnen verfaßte Verse im Rundfunk zu bringen. Wenn ich *unbewußt* zwei Strophen aus Ihrem Repertoire brachte – ich bin ja noch nicht so alt wie diese Strophen –, so bitte ich Sie vielmals um Entschuldigung.

Ich hoffe, daß deswegen unsere kollegiale Freundschaft nicht darunter leidet. Es ist immer besser – ma lahrt si aus! Es war halt der 1. April! – Ich bin ein zu alter Valentin-Verehrer, als daß ich mich mit Ihnen verfeinden möchte.

Mit den besten Grüßen!
Georg Blädel.«

Daß damit alles wieder bereinigt war, beweist schon ein Artikel, den Georg Blädel am 27. 4. 1951 veröffentlichte.

»... In Pasing war es, bei der Weihnachtsfeier eines bekannten Münchner Betriebes. Karl Valentin saß neben mir und wir tauschten Erinnerungen aus. Als ich ihm erzählte, daß ich genau wie er selbst ein leidenschaftlicher Bastler bin und vorhabe, für die kommende Weihnacht Handkasperlköpfe zu modellieren, gab Valentin mir ein Rezept für die Herstellungsmasse.

›Da nehmas a alts Zeitungspapier und woakas des Papier im Wasser ei, dann nehmas a Tafel Schreinerleim ...

›Halt‹, sag i, ›Schreinerleim hab' ich keinen!‹ (Es war vor der Währungsreform.)

Valentin fragte mich:

›Wohnas noch immer in Laim? Dann schick' ich Ihna Leim nach Laim!‹

Tatsächlich kam zwei Tage später ein Päckchen, in dem eine Tafel Schreinerleim behutsam verpackt war, mit der Post an. Momentan war ich ein bisserl verärgert, weil kein Zettel beilag, auf dem ein Gruß vermerkt war. Aber auf der Leimtafel stand: ›Herzlichen Gruß, Karl Valentin.‹

Und so bin ich der glückliche Besitzer einer seiner letzten Autogramme, auf einer Tafel Schreinerleim. Sie ist im Museum von Hannes König im Isartor zu besichtigen, denn ich habe sie nicht verarbeitet.«

Von Georg Blädel habe ich erfahren, was ich noch nicht wußte, nämlich, daß sein Vater, ebenfalls ein seinerzeit bekannter Volkssänger, und Karl Valentin auch zusammen aufgetreten sind. Und zwar im Serenissimus in der Akadamiestraße 9.

Am 6. April 1917 stand in den Münchner Neuesten Nachrichten zu lesen:

»Serenissimus-Abende. Eine merkwürdige Kapelle nimmt den Platz vor der Bühne ein. *Hans* Blädel, der drollige Instrumentalkomiker, fängt als Kapellmeister vorerst, bis die andern kommen, allein an. Von diesem Augenblick aber, wo Karl Valentin, dem Liesl Karlstadt gleich Blädel überaus belustigend sekundiert, vergeht kaum ein Atemzug ohne Lachen. Karl Valentin als Orchestermitglied, Karl Valentin als Schnellzeichner und Bettelmusikant, seine Gebirgssängertruppe und seine Lichtbilderreklame mitsamt Liesl Karlstadts, Blädels und anderer Künstler Einlagen – das ist alles so irrsinnig fröhlich, daß es besser gesehen als geschildert werden mag.«
Die Münchner Zeitung schrieb dazu:
»... Die ulkige Orchesterszene Karl Valentins ›Im Reiche des Blödsinns‹ wird unterstützt von der verstärkten Serenissimus-Kapelle; Hans Blädel ist Kapellmeister und konkurriert erfolgreich als Humorist und Meister vieler Instrumente mit Valentin. Liesl Karlstadt ist die urfidele Primadonna der Gesellschaft.«
Soviel über Blädel senior im Bunde mit Valentin und Karlstadt. Mehr über diesen Künstler zu sagen, überlasse ich seinen beiden Söhnen, Georg und Hans Blädel junior, der die Tradition der Blädeldynastie ebenfalls ruhmreich fortsetzt.

34

Karl Valentin war kein »Du-Sager«.
Er gehörte nicht zu jenen Menschen, denen es ein Bedürfnis ist, Bruderschaft zu trinken.
Papa hat sogar, wie der Leser weiß, meinen Mann mit »Herr Schwiegersohn« angesprochen.
Kopfschüttelnd erzählte er: »Leut' gibt's ... i versteh' sowas net! Da hat mich heut' a ganz a Fremder allaweil mit ›Du‹ ang'redt. Und i hab' allaweil ›Sie‹ g'sagt – ganz auffallend –, bis er's g'spannt hat. Dann hat er g'sagt: ›Warum sagst'n du allaweil ›Sie‹ zu mir?‹ Papa: ›Ja mei ... Sie könna scho' ›Du‹ zu mir

sag'n, wenn S' moana; aber i sag' halt ›Sie‹ zu Eahna – i kenn' Eahna ja net!‹ Darauf verließ mich der Fremde mit der Bemerkung: ›Du bist g'spassig!«

Ein Erlebnis ist meinem Vater stets in unangenehmer Erinnerung geblieben: Man hatte ihn einmal nach seinem Auftreten zu einer sehr exquisiten Feier eingeladen. Die Herren waren im Smoking und die Damen in Abendrobe. Der Sekt floß in rauhen Mengen. Anfangs flüsterten sie noch gesittet mit den Tischnachbarn. In vorgerückter Stunde fielen dann Witze aller Art. Man lachte schallend. Auch die Damen. Bald verspürte man den dringenden Wunsch, den Verbrüderungskuß loszuwerden, um – in Ehren – seiner Tischdame endlich näherkommen und das bezaubernde Dekolleté unmittelbar bewundern zu können. Die Männer, die sich nicht küßten, sahen sich dafür brüderlich in die Augen und nach einem Händedruck sagten sie ›Du‹ zueinander. Und so einen jovialen Händedruck mußte auch Papa entgegennehmen. Diese Hand gehörte Herrn Kommerzienrat X. Tags darauf trafen sich die beiden »Brüder«. Valentin wollte – ausnahmsweise – das frische brüderliche Verhältnis nicht ignorieren und sagte als erster: »Servus Xaver!« Jener dankte mit distanzierter Miene: »Grüß Gott, Herr Valentin!« Diese Zurechtweisung blieb ihm eine Warnung.

Nicht selten kommt es vor, daß mir fremde Leute – mit denen ich irgendwie und irgendwo über Karl Valentin bekannt werde – Neuigkeiten über Papa berichten wollen, die ich anzweifle, wenn sie sich so anhören:

»Eahnern Vatta hab' ich ja *guat* kennt! ... am Marienplatz is' er mir amal begegnet ... haut mich mit aller Wucht auf d'Schulter nauf und sagt: ›Ja servus oide Hütt'n! Du g'schpinnata Teifi, wia geht's da denn?‹« – Da weiß ich schon Bescheid. Denn diese Art von Vertraulichkeit war nicht die seine. Und auf die Schulter schlagen und womöglich die Hand drücken, daß der Ring am Nachbarfinger sichtbar wird, gehörte nicht zu seinen Gewohnheiten. Selbstverständlich hatte Karl Valentin Bekannte, mit denen er per Du war. Nur waren es nicht so viele, wie das bei seiner Popularität hätte sein können. Weil ich nicht alles glaube, was über Papa gesagt und geschrieben wurde, traue ich auch nicht ganz dem, was 1932 in einer Zeitung stand:

»Hans Gruß engagierte Wastl Witt für die große Valentin-Revue ›Wie's früher war‹ zusammen mit den prominentesten Münchner Komikern an das Deutsche Theater. Da Gruß wußte, daß Valentin dazu neigte, eine Vorstellung aus Laune oder Aberglauben abzusagen, wandte er eine raffinierte Taktik an, um sich gegen solche Zwischenfälle abzusichern. Er bat Wastl Witt, den Rollenpart Valentins als ›zweite Besetzung‹ mit Liesl Karlstadt vorsorglich einzustudieren, um bei Bedarf einspringen zu können.
Bei einer dieser Proben saß Valentin argwöhnisch in der ersten Parkettreihe und verfolgte aufmerksam das Spiel seines ›Doubles‹. Als die Probe beendet war, sagte er:
›Wenn i koan scheich (scheue) – den Hundling da droben, den scheich i!‹«
Der Ausdruck »Hundling« ist durchaus einem Münchner in den Mund zu legen; aber Papa gebrauchte dieses Wort bestimmt nicht in diesem Zusammenhang. »Hundling« kannte er nur als hartes Schimpfwort. Nicht aber als Anerkennung einer Leistung – um die es hier zweifellos gegangen ist.
Ich erinnere mich noch seines Ausspruchs:
»Da Wastl Witt ... der wär' als ›Bene‹ in ›Die Raubritter vor München‹ besser als i! Der kann vui!«
Aber ich gestehe auch in diesem Falle dem Autor des Artikels die dichterische Freiheit zu. Man machte ja auch aus Karl Valentin einen ehemaligen »Sargschreiner« – was bei einem späteren Humoristen seine Wirkung zweifellos nicht verfehlt.

35

»Einmal erzählte Valentin von einem interessanten Drehbuch, das er in Arbeit habe«, weiß die Abendzeitung zu berichten. »Er, Weiß Ferdl und Wastl Witt sollten in dem geplanten Film die Hauptrollen spielen.
Pünktlich zur verabredeten Zeit stand Witt mit seiner Frau vor Valentins Haus – beide im hellen Sonntagsstaat. Als Witt unten

klingelte, warf Valentin vom zweiten Stock einen Fußabstreifer hinunter, daß eine dicke Staubwolke aufflog, und rief im Kommandoton: ›D'Fiaß abputzen und den Abstreifer wieder mit raufbringen!‹ Im Wohnzimmer zeigte er ihnen das Drehbuch.

Mit Witt hat Papa meines Wissens nie gefilmt – und mit Weiß Ferdl nur ein einziges Mal. Und das waren Aufnahmen zu einer Beiprogramm-Filmreihe »Der Tobistrichter«. Ein Teil der Aufnahmen wurde an Vormittagen im Platzl gedreht. Auch Liesl Karlstadt und Adolf Gondrell wirkten mit.

Alois Hahn von der Süddeutschen Zeitung charakterisiert einmal treffend das unterschiedliche Wesen der beiden Komiker. Er tat es mit zwei Zitaten: »Weiß Ferdl, der 1907 bei den Dachauern im Platzl eintrat und diese Bühne in 36jähriger Arbeit zum Welterfolg führte, sagte einmal: ›I dank an Herrgott, daß i a Volkssänger worn bin und koa Scharfrichter.‹ Und vom Valentin stammen die Worte: ›A Komiker is' doch der traurigste Mensch von der Welt. Net amal über sein eigna Schmarrn kann er lacha.‹«

Eine Zeichnung von Franziska Bilek brachte der Simplicissimus im Juli 1949: Valentin mit Goggs, Trompete und Engelsflügeln. Unter seinen Füßen die Wolken. Mit ausgestreckter Hand kommt ihm – flügellos, aber mit Bierkrug und Harfe – Weiß Ferdl entgegen. Valentin kann ihm die Hand nicht reichen, da er in seiner rechten die Trompete und mit der linken seinen Hut halten muß. Scheinbar zieht's da oben!

Weiß Ferdl: »Da bin i, vieledler Freund!«

Valentin: »O mei, o mei, wo krieg'n ma für dich im bayrischen Himmel ein preußisches Publikum her?«

Von Papa selbst stammt folgende Aufzeichnung:

»Der Humorist Weiß Ferdl war vier Jahre lang unser Zimmerherr. Wir wohnten damals in München, Kanalstraße 16/I. Er hätte mich einmal beinahe erschossen! Das kam so: Ich hatte einen zierlichen kleinen Revolver. Der Griff war mit Perlmutter eingelegt und geladen war er mit sechs scharfen Patronen. Dieser Revolver lag zufällig auf dem Tisch. Ich war eben dabei, dem Ferdl eine Couplet-Musik vorzuspielen. Während ich spielte, nahm Ferdl den Revolver. Er hielt ihn für einen Briefbeschwerer oder sonst einen Ziergegenstand. Trotzdem fragte er mich, ob

das ein echter Revolver sei, worauf ich sagte: ›Freilich!‹ Das mußte er durch das Zitherspiel überhört haben und schon krachte es. Die Kugel sauste – ohne mich zu verletzen – an meinem linken Arm vorbei und drang tief in die Mauer ein. Kismet!«
Die beiden waren keine dicken Freunde, aber auch keine Feinde. Und warum sollten sie sich also bekriegen? Keiner war dem andern Konkurrenz, jeder hatte *sein* Publikum. In ihren Darbietungen waren sie so unterschiedlich wie in ihrem Aussehen: man konnte sie nicht verwechseln!
Ferdl hatte sein ständiges Platzerl im Platzl. Heute haben sie alle drei ein gemeinsames Platzl – am Münchner Viktualienmarkt: die Liesl, der Valentin und der Ferdl.

36

Oft bekomme ich zu hören: »... Wissen S', was jetzt Eahna Vata sag'n tät...« Oder: »... des wär wieder was für Ihr'n Papa ... da könnt' er wieder eine Komödie draus mach'n!«
Ich erlebe natürlich auch Überraschungen! So erzählte mir einmal ein Herr – ich kannte ihn nicht – daß er gestern abend bei Valentin war. Im Kolosseum. Er kannte ihn selbstverständlich auch privat! Da wurde ich aufmerksam.
»Also ... privat kenn' ich ihn nicht...«, forderte ich den Unbekannten heraus und hatte Glück. Er legte los:
»Ja mei ... alt wird *der* net! Der is' ja ein ganz schwerer Morphinist. Na ja, *den* Lebenswandel, den der führt... da wär's kein Wunder!«
»Hat der eigentlich auch Kinder?« fragte ich. Und da kam eine Antwort, auf die ich nicht gefaßt war: »Freilich hat der Kinder ... ich glaub' drei oder vier – aber alle außerehelich!«
»Soo! Ja was is' des!« gab ich zurück, »da muß ich heut' gleich meinen Vater fragen, wie seine außerehelichen Kinder heißen; ich bin nämlich eine eheliche Tochter vom Valentin!«
Am selben Tag traf ich eine ehemalige Volkssängerin. Sie

Im Gruselkeller am Färbergraben

Folterszenen im Gruselkeller

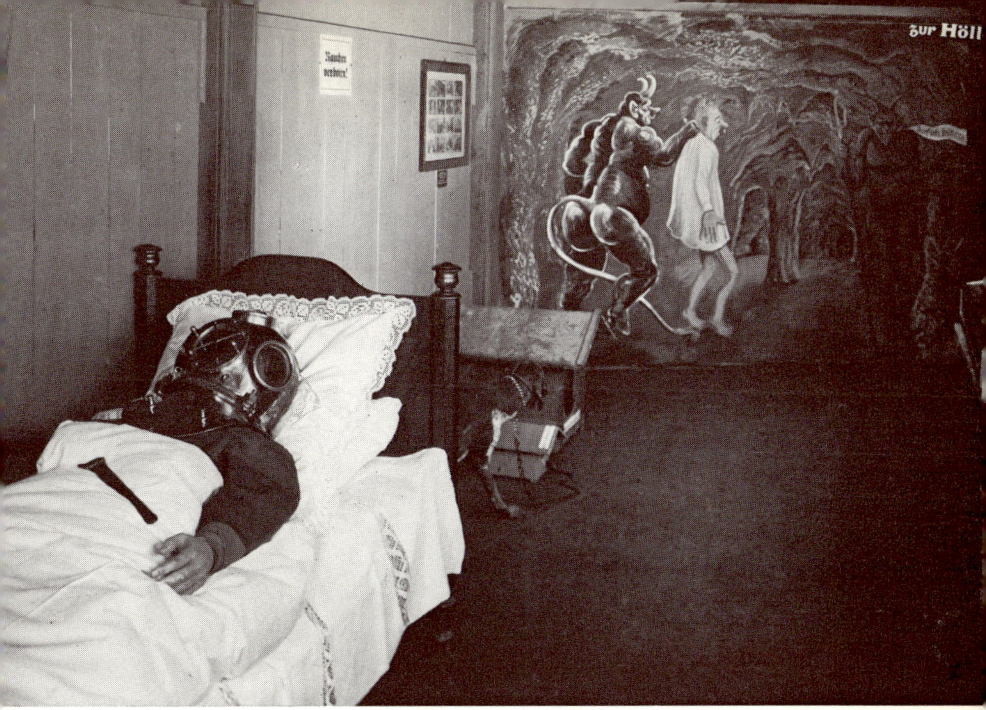

Im Panoptikum: Der Taucher, der den Helmschlüssel verlor

Ein Inflationsdenkmal

Sohn

schwelgte in der Vergangenheit und erinnerte sich auch noch lebhaft, daß ihr Valentin einmal Ecke Sendlinger Straße/Dultgaßl begegnet sei, vorm Deiglmeierhaus.

»... des kenna S' doch, des buntbemalte. Ja, und Eahna Vata hat in der oberen Seit'ntasch'n von sein'm Mantl in einem weiß'n Tüachal a kloane weiße Maus g'haltn. Ganz vorsichtig, damit's eahm net auskemma is'. ›O mei is' des a nett's Viecherl!‹ hab' ich g'sagt. Sagt Eahna Vata ganz grantig zu mir: ›Was hoaßt da nett! Mindestens a halbe Stund' erklär' ich der Maus schon dieses historische Gemälde ... aber kein Interesse!‹ Ihr Vata hat mich dann noch in a Wirtshaus mit'gnomma und nervös wie er schon war, hat er's Salzbüxl nuntag'worf'n. Dem Steinboden hat's nix ausg'macht – aber das Salzbüchsl war kaputt. Zur Bedienung hat er g' sagt: ›'s Büchsl zahl ich, aba 's Salz net.‹ Anschließend hat er mich noch ins Kaffeehaus g'führt. Zuerst hat er einer Angestellten eine Scher aus der Hand g'nomma. De hat dumm g'schaut! Da Valentin: ›De kriagn S' scho' wieda! I nimm's Eahna net! I schleif's Eahna bloß!‹ Mir hab'n dann unsern Kaffee trunk'n. Auf einmal kommt eine Frau an unsern Tisch und hat ganz verleg'n g'fragt: ›Gelln S' ... Sie san da Valentin?‹ Valentin: ›Wer? I? Na! Da habn S' Eahna scho täuscht! I bin sein' Bruada – da Kardinal!‹ O mei, hat de Frau dumm dreing'schaut! Und da Valentin hat grinst.«

37

1931 konnte man in der Süddeutschen Sonntagspost lesen: »Nervenzusammenbruch des Künstlers Karl Valentin wegen behördlicher Schwierigkeiten. Das Gastspiel von Karl Valentin und Liesl Karlstadt im Goethesaal muß vorerst unterbrochen werden, da Karl Valentin erkrankt ist und auf ärztlichen Rat voraussichtlich mehrere Wochen nicht mehr auftreten kann. Seine Nervenzerrüttung ist in erster Linie auf die zahlreichen fortgesetzten paragraphenhaften kleinlichen Reklamationen zurückzuführen, mit denen die Behörden ihm die Arbeit auf seiner eigenen Bühne erschwerten.«

Was war da vorgefallen? Am 2. Februar 1931 hatte Valentin bei der Polizeidirekton, Theaterreferat, München, Ettstraße, folgendes Gesuch eingereicht:

»Ich erlaube mir, um die Erteilung des Bühnenspielbetriebes gemäß Paragraph 33a der Reichsgewerbeordnung im Goethesaal, München, Leopoldstraße 46a, zu bitten. Grund dieser Bitte ist für mich die Tatsache, daß das Auftreten in Lokalen mit Konsum, in denen geraucht werden darf, sich für mich als äußerst gesundheitsgefährdend erwiesen hat und mir zunächst infolge meiner dadurch gesteigerten Asthmabeschwerden ärztlicherseits untersagt worden ist.«

Die Feuerpolizei erhob Auflagen:

»1. Die Aufführungen müssen sich in einfachstem Rahmen halten (höchstens 20 Mitwirkende, 3–4 einfachste Bühnenbilder).

2. Alle auf der Bühne verwendeten Dekorationen (Vorhänge usw.) sind mit einem anerkannten Imprägnierungsmittel schwer entflammbar zu machen. Der Vollzug ist der städt. Branddirektion, Blumenstraße 34, jeweils schriftlich mitzuteilen.

3. Zu jeder Vorstellung wird eine Feuerwache (1 Mann) auf Kosten des Unternehmens abgestellt.«

Die Baupolizei hatte gegen den Goethesaal nichts einzuwenden.

Am 23. Februar 1931 beschloß die Polizeidirektion:

»Herrn Valentin Fey, genannt Karl Valentin, geb. 4. Juni 1882 in München, bayer. Staatsangehöriger, wohnhaft in München, als Unternehmer wird gemäß Paragraph 33a Reichsgewerbeordnung und Art. 32 Polizeistrafgesetzbuch die polizeiliche Erlaubnis erteilt, ab 28. Februar 1931 im Goethesaal, Leopoldstraße 46a, im Rahmen des Gutachtens der Feuerpolizeibehörde vom 17. Februar 1931 Aufführungen von Sprechszenen im Stile Karl Valentins in Verbindung mit Gesangs- und deklamatorischen Vorträgen und varietéeartigen Darbietungen unter Ausschluß von Wirtschaftsbetrieb zu veranstalten.« Die Beschlußgebühr betrug 72 RM und 4 Rpf.

Valentins Freude an diesem Unternehmen war recht gering. Seiner Ansicht nach hatte die Polizei ein zu großes Auge auf Kleinigkeiten und ein zu kleines auf Großigkeiten geworfen.

»Wissen S'...«, so beginnt Papa, die diversen Hindernisse aufzählend, »... da war z. B. die Geschichte mit der Zigarett'n im ›Photoatelier‹: ›Eine glimmende Zigarette am Boden‹, so sagt die Feuerpolizei, ›ist eine große Feuersgefahr!‹ Ich hab' doch das mit der Zigarett'n scho mindestens 200mal gemacht – und nie war's a Feuersgefahr. Jetzt auf einmal wär's oane. Jetzt soll i für die Zigarett'n Schalen auf den Boden stellen. Da ginge ja die ganze Wirkung verlorn!«
Es handelt sich da um die Szene, in der der Photograph seinen Angestellten (Valentin) beim Rauchen erwischt. Valentin verbirgt die Zigarette, dem Gehilfen (Liesl Karlstadt) gibt er ein Zeichen, er möge ihm helfen. Liesl Karlstadt schneidet dann hinter Valentins Rücken die Zigarette ab und der glühende Stummel fällt auf den Boden. Meister: »Was ist denn das für ein Funken?« Valentin: »Ui ... ein Glühwürmchen!« Meister: »Das Glühwürmchen raucht ja!« Valentin: »Dann is's halt ein Rauchwürmchen!«
Mit den »Raubrittern« ging es Papa ähnlich. Da verbot man dem Nachtwächter mit einer Laterne über die Bühne zu gehen, in der eine Kerze brannte.
Trotz allem, nichts konnte seine Schaffensfreude lähmen. Auch nicht der Bürokratismus.

38

Papa war so produktiv und voller Ideen, daß ihm sein eigentlicher Bereich – die Bühne – nicht mehr genügte. Er wurde auch noch »Museumsdirektor«. Diesen Titel verlieh ihm Ernst Buschor.
Der Archäologe und der Museumsmann Buschor interessierte sich für Valentins 1934 neueröffnetes Unternehmen im Färbergraben.
»Zwei Herren habe ich näher kennengelernt«, erzählte er, »der eine saß, auch während aller meiner späteren Museumsbesuche stets unbeweglich auf dem gleichen Stuhl und las dieselbe Zei-

tung, ja sogar dieselbe Seite: er war aus Wachs. Der andere hingegen, der meinen eifrigen Studien offenbar lauernd gefolgt war, erhob sich nach einiger Zeit von seinem Sitz und sprach mich an – es war Karl Valentin.«

Einer freute sich über die Bekanntschaft des anderen.

Buschor war von Valentins neuem »Kurinstitut« – wie er es nannte – äußerst angetan: »Zugegeben: dieses Museum tanzte aus der strengen Reihe; es war vorläufig noch zu unhistorisch, zu phantastisch, zu persönlich. Aber sein Direktor konnte es mit jedem von uns an Genialität der Erfindung, an peinlicher Gründlichkeit, an Schärfe des Denkens und Sauberkeit der Methode, an unverdrossenem Einsatz von Zeit und Hab und Gut aufnehmen.«

»Begeistert ist das Publikum von Valentin's Panoptikum! Das originellste Museum der Welt! Täglich im Hotel Wagner, Sonnenstraße 23. Eintritt 60 Pfg. Kinder & Militär die Hälfte. Wochentags von 4–12^{h} nachts, Sonntags von 4–12^{h} nachts.«

So kündigte Papa den Lach- und Gruselkeller in seiner Valentin-Zeitung an.

Einem Kabarettprogramm schloß sich voll aufregender Hintertreppen-Romantik die Führung durch die Räume an. Über eine schwankende Brücke starrten einem Schreckgespenster entgegen, eine Wasserleiche fehlte nicht. Zu den Kuriositäten gehörten ein Winterzahnstocher mit Pelzbesatz und eine »leider schon geschmolzene« Schneeplastik. Von »Katakomben der Narrheit« war hier die Rede, von der »Unterwelt Karl Valentins«.

»Wie ein mystischer Maulwurf hat sich Karl Valentin in die Kellergänge und -gewölbe eingefressen. Es waren Katakomben der Tollheit!«

Der Rundgang endete im »Höllenkaffee« mit Barbetrieb bei der flotten Vera.

»O mei...«, so erzählt Vera, »war des a scheene Zeit mit Eahnerm Vata! Nur die Fliegeralarme, de ham an Valentin nervös g'macht. Einmal hat er die Nerven verlorn: ›Vera! Nix mehr zahl'n lassn! Jetzt brauch'n ma sowieso koa Geld mehr!‹ Ganz so schwarz hab' ich nicht g'sehn und hab' trotzdem noch kassiert. Einmal hab'n mir auch den Christian Weber in der Vorstellung g'habt (einen wohlgenährten hohen Funktionär der Partei), und des hat Eahna Papa erfahrn. Wir ham ihn natürlich gleich gewarnt, z'weng de

Witz. Die Naziwitz. Dann is' er naus auf die Bühne, hat zum ungekrönten König von Bayern hing'schaut und hat g'sagt: ›Naa, naa, möchts mich gern dawisch'n ... aber *de* Witz kommen erst, wenn's ihr net da seid's.‹ Wer zu lachen wagte, lachte von Herzen.« Nur Vera zitterte um die Freiheit ihres Brotgebers.
Wer noch zitterte, das heißt: wem nicht ganz geheuer war in seiner Haut, das war ein Mann von der Wach- und Schließgesellschaft, der als letzter den Gruselkeller nachts zu durchstöbern hatte: »Da bin i schon froh, wenn i allaweil durch bin!«
Auch Valentin konnte es in seinem eigenen Museum gruseln: Alle waren schon weggegangen – spät in der Nacht –, da wollte er noch etwas nachsehen und streifte mit der Taschenlampe durch seine Gänge. Er spürte, als er die Hälfte seines Weges zurückgelegt hatte, plötzlich einen heftigen Schlag auf die Schulter. Eine Schrecksekunde – dann drehte er sich blitzschnell um. Er glaubte im ersten Moment an einen Geist. Was sollte es sonst gewesen sein – das Haus war ja menschenleer. Er war hinterher stolz auf sein Heldentum: »Wenn's schon a G'spenst gibt, dann will ich's sehn, wie's ausschaugt!« Aber es war nur ein umgefallenes Holzbrett. In einer Ecke hatte der Scharfrichter Wuchtig seinen Reklamestand aufgeschlagen. Mit einem Firmenschild an seiner Guillotine wirbt er für sein Handwerk: Kopfschmerzen jeder Art beseitigt unter Garantie sehr rasch Scharfrichter Wuchtig.
Valentin hatte in diesem Museum eine Sammlung unmöglicher Dinge zusammengebracht, entsprungen aus der menschlichen Dummheit und Gedankenlosigkeit. Die ins Korn geworfene Flinte, die weggebliebene Sprache, Schnippchen und ähnliche Seltenheiten gab es da. »Man lacht freilich überall und ist hinterher wie vor den Kopf gestoßen – aber mit der Narrenpeitsche«, schrieb eine Zeitung.

Ein großer Kenner und Verehrer meines Vaters, Prof. Dr. med. Alexander Mette, erinnert sich:
»An den Meister der Kunst des Komischen – Karl Valentin.
Als meine Frau und ich Mitte der dreißiger Jahre nach längerer Zeit wieder einmal nach München kamen, erfuhren wir, kaum wieder heimisch geworden, von Karl Valentins Panoptikum, das sich damals im Hotel Wagner befand.

Betrat man den Lach- und Gruselkeller zu einer Stunde, in der sich nur sporadisch jemand dort einfand, und schätzte der livrierte Hüter des attraktiven Souterrains den Ankömmling als Neuling ein, wurde man von ihm unverzüglich durch eine etwas improvisiert anmutende Lifttür in eine Fahrstuhlkabine, die drei bis vier Personen Platz bot, hineingenötigt. Man konnte gerade noch einen Blick auf das mit allerlei sensationellen Dingen zu längerem Verweilen verlockende Vestibül werfen, da war die Tür schon zu, und man hörte die üblichen maschinellen Geräusche. Durch das Fenster einer kleinen Luke fiel der Blick auf die vom Lichtschein erhellte Wand des Schachtes, die von unten nach oben vorbeizog. Wir harrten stumm und erwartungsvoll des Kommenden. Schon stoppte unser Begleiter da mit einem Griff an die Hebel der Apparatur die lautstarke Mechanik und öffnete mit der Bemerkung ›wir sind unten‹ die Tür. Als wir hinaustraten, mußten wir lachen, denn wir sahen sofort, daß wir uns genau an derselben Stelle befanden wie zuvor.

Ohne daß ein Lächeln über die Züge des Livrierten glitt, bot er seine Führung durch die Räume an, und hier entfesselte nun ein verblüffendes Arrangement oder Exponat nach dem andern hellen Jubel bei uns.

Da lag der Taucher in seiner vollen Montur, den gefensterten Helm über dem Kopf, in seinem Bett, weil ihm der Schraubenschlüssel abgebrochen war, mit dessen Hilfe er sich seines unbequemen Schutzanzuges beim Schlafengehen hatte entledigen wollen. Ein knapper Text erläuterte sein Mißgeschick.

Zu der Photographie eines Kleinkindes, die in der Nähe an der Wand hing, hieß es erklärend: ›Achtzigjähriger Greis im Alter von einem Jahr‹.

Ein Kinderwagen mit einem Säugling in den Kissen und einem Motor am Räderwerk dokumentierte die Errungenschaft, daß jedes Kind nunmehr im Wägelchen keine Begleitung mehr brauche, weil es allein ausfahren könne.

Solche Herrlichkeiten gab es in Fülle. Man kam dann in eine Abteilung mit dämmriger Beleuchtung. Als eine Brücke passiert wurde, gab sie plötzlich nach, so daß man im Halbdunkel in etwas unbestimmbar Modriges – wie in einen Sumpf – zu versinken glaubte. Gleich nachdem der Schreck bewältigt war, fiel der Blick

in ein dunkles Verlies, in welchem eine halb entkleidete Gefangene von einem Kerl, der sie peinigte, mit Peitschenhieben traktiert wurde.
In noch einem anderen Raum sah man Zuschauer vor einer Projektionswand sitzen, die auf eine Kinovorstellung zu warten schienen. Sie saßen so still und starr da, daß sehr rasch der Eindruck entstand, es seien Figuren in Lebensgröße. Man unterlag dem beunruhigenden Gefühl, das entsteht, wenn man einer Attrappe oder einer Statue gegenüber Zweifel hegt, ob man ein Kunstgebilde oder ein lebendiges menschliches Wesen vor sich hat.
In den Räumen mit normaler Beleuchtung konnten wir Fotos bayrischer Volkssänger und Stegreifkomödianten aus einer Sammlung betrachten, die Valentin zusammengetragen hatte. Die imponierende Zahl dieser Zeugnisse beruflicher Traditionspflege sprach uns nach dem Hauch von Grauenerregendem und Unheimlichem, der auf den mit Lachen quittierten grandiosen Ulk gefolgt war, von einer ganz anderen Seite her stark und nachhaltig an. In höchstes Erstaunen versetzte uns dann aber das Nebeneinander von drei Gedichttexten, die unter der Überschrift ›Einst und jetzt‹ in einem Rahmen vereinigt waren, weil der eine von ihnen mich zum Verfasser hatte. Auf einen Ausschnitt aus Schillers ›Glocke‹ folgte ein Abschnitt aus Hans Arps ›Wolkenpumpe‹ und dann das ein Jahr zuvor in der Zeitschrift Der Sturm von mir erschienene ›Lyrische Portrait‹.
Da unserem Begleiter die Verblüffung, mit der wir auf die eingerahmten Strophen reagierten, auffiel und dies uns zu einer Frage veranlaßte, empfahl er uns, noch ein Weilchen zu bleiben, und die Auskunft bei dem Herrn Valentin, der in Kürze zu erwarten sei, selbst einzuholen.
Ganz wenig später machten wir tatsächlich die persönliche Bekanntschaft des großen Künstlers. Er brachte uns von Anfang an die Freundlichkeit entgegen, die Gästen zuteil zu werden pflegt, und ging aus sich heraus, als er vernahm, was unser Anliegen war und worauf es beruhte. Jenes Gedicht von mir war seinerzeit als Beispiel moderner Verstiegenheit in der Presse nachgedruckt und kommentiert worden, und durch ein Presseorgan war es auch ins Gesichtsfeld Karl Valentins gelangt. ›Dees san Sie‹, wunderte er sich! ›Eahnen hätt' i mir ganz anders vorg'stellt‹ – und er be-

teuerte, zumindest ein Monokel als Zubehör meiner äußeren Erscheinung für unerläßlich erachtet zu haben.
Zu einem nochmaligen Rundgang in seiner Gesellschaft eingeladen, erfuhren wir manches, was unsere Freude an allem Dargebotenen noch vertiefte. So unter anderm, daß die Exponate und Bildszenen, die uns so stark beeindruckten, größtenteils auch in allen handwerklichen Einzelheiten von ihm selber hergestellt worden seien. Ferner, daß der historische Begleiter früher eine Scharfrichterfunktion ausgeübt habe und mit dem Tausch, den er gemacht habe, mehr als einverstanden sei. Auch der Text meines Gedichtes wurde gestreift. Es sei zur allgemeinen Belustigung zu den Veranstaltungen im Lachkeller des öfteren parodistisch vorgetragen worden, erzählte er uns. Über sprachliche Extravaganzen und die Neigung zu Wortneubildungen kamen sich unsere Auffassungen aber etwas entgegen, und es interessierte ihn auch, daß ich eine Arbeit über Beziehungen zwischen Spracheigentümlichkeiten schizophrener und dichterischer Produktion veröffentlicht hatte. Ich gewann den Eindruck, daß er sich darüber ein bißchen grüblerisch amüsierte. Ähnlich schien mir seine Reaktion auf die Eröffnung zu sein, daß ich beruflich Nervenarzt war.
Die Komik Valentins unterhielt nahe Verbindung mit dem Moment der Verblüffung und des vorübergehenden Schachmattsetzens des Verstandes. Beispiele dafür bietet jeder seiner Auftritte, vor allem jeder Disput mit dem unerläßlichen, meist von Liesl Karlstadt verkörperten Partner. Die Beirrung, das Stutzen, das sie hervorriefen, hatte manche Parallele in Empfindungen, denen man beim Rundgang durch den Lach- und Gruselkeller ausgesetzt war.
Mich erinnerte vieles an Vorschläge, die ein berühmter deutscher Arzt der Goethezeit, Joh. Christian Reil, 1803 in einem Werk, das sich mit der Behandlung Geisteskranker beschäftigte, unterbreitet hatte. Eine wichtige Rolle spielte in ihnen nämlich das Erwecken von Grauen und Entsetzen, und mehrere Empfehlungen aus seiner Liste stimmen weitgehend mit dem einen oder anderen Arrangement des Gruselkellers überein. Man könnte zu der Vermutung kommen, daß das unausgesprochene Motiv solcher Elemente im Repertoire großer Komiker die Tendenz ist,

das mit dem Erwerb der Sprache zwischen sinnlicher und gedanklicher Widerspiegelung der Wirklichkeit geknüpfte Band durch momentane Erschütterung und Spannung zu festigen. Dem Psychiater Reil schwebte das offenbar als Ziel seiner Heilmethode vor, ohne daß er sich über den Sinn des beschrittenen Weges ganz klar war. Vermutlich führt das Nebeneinander von grauenerregenden und Gelächter auslösenden Reizen in gruseligem Jux und in der Clownkomik bei den gesunden Menschen, aus denen sich ein Publikum durchweg zusammensetzt, zu einem ähnlichen Ergebnis, bei dem in der Regel ein starker Lusteffekt entsteht.
Valentin war solchen Erwägungen, als unsere Unterhaltung sie später einmal berührte, keineswegs abhold. Psychologische und bis zu einem gewissen Grade auch psychiatrische Themen fanden Anklang bei ihm.«
Nicht nur Nervenärzte waren von dem Gruselkabinett begeistert, wie folgender Brief zeigt, mit dem sich die Münchnerin Maria G. bei Valentin bedankte:

»München, 26. 10. 1934

Sehr geehrter Herr Valentin! Wenn man bedenkt, daß am Oktoberfest 1 x Geisterbahn fahren 20 Pfennig kostet, dann wäre der Eintritt in Ihr Museum zur 1. Abteilung allein schon mit 5 Mark nicht zu teuer! Und wenn man das Lachen in der ›humoristischen Abteilung‹ Ihrer Schau prozentual umrechnen könnte, käme ein Eintrittspreis von leicht hundert Mark heraus!
Ich bin die einzelne Münchnerin, die Sie in liebenswürdiger Weise heute nachmittag persönlich herumgeführt haben (außerdem ein uralter Stammgast vom Künstlerring) und möchte Ihnen auf diesem Wege herzlich danken für die Stunde wirklichen Humors und herzlichen Lachens, was ohnehin so selten ist.
Es ist bedauerlich, daß die Münchner nicht in Strömen kommen, wahrscheinlich haben sie halt nachmittags keine Zeit, Samstag und Sonntag werden sie schon anstehen! Was ich dazu beitragen kann, soll geschehen. Ich kann Ihnen eine ziemliche Anzahl Besucher fast ehrenwörtlich versprechen, da ich in einem Betrieb mit ca. 500 Angestellten sitze, am Telefon, und von da aus die Werbetrommel (nicht die Geistertrommel von 12 Uhr nachts)

rühre. In und außer Hause wird für das Karl-Valentin-Museum Reklame gemacht! Dies sei mein Dank an den großen Meister.

Recht herzlichen Gruß und nochmals vielen Dank

gez. Maria G.«

Am 22. Juni 1937 stand in den Karl-Valentin-Nachrichten:
»Karl Valentin's Lachkeller ist umgezogen und befindet sich jetzt im Färbergraben 33. Eröffnung am 18. Juni 1937. Es ist nicht mehr das alte Panoptikum, sondern eine Neufassung dieser Schmunzel- und Gruselschau, die nicht ihresgleichen hat. Mit der Liebe eines Hausherrn richtete sich Karl Valentin in den unheimlichen Kellergewölben ein, in die man durch einen vierzehn Meter tiefen Lichtschacht einzufahren glaubt (wovor Ängstliche gewarnt werden!). Noch ist nicht alles fertig. Zwar geistert die Ahnfrau im tiefsten Verließ und das Drachenvieh grinst zum Fenster herein, aber der Geisterwind, der sakrische, muß repariert werden! Wir werden wiederkommen, wenn das Windgespenst richtig in Form, das Gruseln in den engen Gängen, auf den schwankenden Brücken und hinter den Fenster- und Bodengittern richtig spukt – und damit die Valentin'sche Gemütlichkeit vollkommen ist.«
Da sah man einen kleinen Kinderschirm neben einem großen Schirm liegen: »Vater & Sohn«. Eine kleine Kiste, die mit einem Drahtgitter und einem Vorhängeschloß versperrt ist, darin liegt ein Franzosen-Schrauben-Schlüssel: »Gefangener Franzose«. Manche werden sich noch an das »Rössl« erinnern, mit Spinnweben überzogen und armselig anzusehen: »Weißes Rössl in seinen alten Tagen«. Wenn man in ein Fenster sah, sprang einem eine schreckliche Fratze ans Gesicht. Eine Wasserleiche erschreckte Liesl Karlstadt so sehr, daß sie diese unbedingt entfernt haben wollte. Papa war nicht umzustimmen. Das dürfte wohl mit der Grund gewesen sein, warum Liesl Karlstadt der Kollegin Annemarie Fischer dort unten ihren Platz einräumte.
Olaf Gulbransson war einer der namhaften Besucher des »neuen hochkarätigen Juwels wahren Humors«; Karl Arnold zählte zu den Stammgästen, und Julius Hüther konnte ich persönlich dort begrüßen. Auch Max Schmeling ließ sich sehen:
»I hab' schon Angst g'habt vor sein'm Händedruck und hab' ihm

vorsichtshalber nur zwoa Finga geb'n!« erzählte Papa zuhause und war ganz angetan, wie behutsam der Weltmeister mit ihm umging.
Als Valentin aufgefordert wurde, als Gast im Circus Krone mit »Maxe« eine Runde zu riskieren, zog er sich vorsichtig aus der Affäre, indem er bedauerte:
»... ausgerechnet heut, – wo ich keine Zeit hab!«

Ich besitze noch einen kleinen Programmzettel von der Ritterspelunke, auf dem folgende Nummern angekündigt sind:

1. Neueste Pressemeldungen
2. Liedervortrag – Otto Zagler
3. Auftreten der Volksängergesellschaft – Karl Valentin
4. Ansprache von Karl Valentin
5. Bayrischer Defiliermarsch
6. Annemarie Fischer singt alte Schlager
7. Glühwurm-Idyll, ges. von Annemarie Fischer
8. Bombardon-Solo, geblasen von Karl Valentin
9. »Der Gardeoffizier«, gesungen von A. Fischer
10. Karl Valentin spricht das Heldengedicht vom 30jährigen Krieg
11. Karl Valentin als Kunstpfeifer
12. Karl Valentin singt das Lied »Die vier Jahreszeiten«
13. 15 Minuten Original-Pause von Karl Valentin
14. Moderne Lieder, gesungen von A. Fischer
15. Stimmungssänger Otto Zagler
16. »Ja, so warn's, die alten Rittersleut«, gesungen von Otto Zagler
17. Lustige Lichtbilder von Karl Valentin
18. Die Ahnfrau erscheint
19. Auf ins Panoptikum

Papa übernahm meistens selber die Führung!

Papa verkörperte in seinem Ritterdrama »Ritter Unkenstein« den Recken Heinrich. Annemarie Fischer mimte das unglückselige Burgfräulein und Otto Zagler, angetan mit Eisenhelm und Streifenhose, war der gestrenge Rittervater. Das »liederliche

Ding« sollte ihr junges Leben auf dem Schafott aushauchen, da es ledigerweise ein Kind gebar.

KUNIGUNDE: *dritte Szene, Gespräch mit Heinrich* (Valentin) Heut ist er wieder grimmig – was hat er denn, mein Vater?

HEINRICH: Ja, jetzt geht's ja noch, aber wie Sie weg war'n...!

KUNIGUNDE: War's da noch schlimmer?

HEINRICH: Da war's gar net ausz'halten mit ihm, wie Sie in der Stadt drinn war'n – die neun Monat.

KUNIGUNDE: Ja Heinrich, was willst du denn damit sagen?

HEINRICH: Ja ... ich mein nur, weil Sie ausgerechnet *neun* Monat' weg war'n – net acht und net zehn.

KUNIGUNDE: Das is' wirklich eine Gemeinheit!

HEINRICH: Ja ... und da ham unsre Knappen und Recken immer so Trutzlieder auf Eahna g'sunga.

KUNIGUNDE: Wie hab'n denn die g'heißen?

HEINRICH: Eins hat g'heißen: ›Kunigunde ist so blaß, Sapperment, was ist denn das!‹

KUNIGUNDE: Ist euch nichts G'scheiteres eingefallen?

HEINRICH: Nein.

KUNIGUNDE: Jaa und was denkst du darüber, Heinrich?

HEINRICH: Dasselbe.

KUNIGUNDE: Ach Heinrich, Du kennst mich ja schon als ganz kleines Kind.

HEINRICH: I kenn Eahna scho, da war'ns *so* klein (deutet es an). Es war gar net der Müh' wert, daß ma Eahna gekannt hat, so klein war'ns. Sie war'n eine Frühgeburt; Sie sind in der Früh um 6 Uhr auf d'Welt komma.

KUNIGUNDE: Hör auf! – Du Heinrich – ich hab' wirklich ein Kind.

HEINRICH: Ja freilich! ... (will auf den Tisch hauen, fällt dabei auf den Boden – steht wieder auf) Ja, wer tut denn den Tisch da weg! (Setzt sich hin – und haut auf den Tisch) Ja so was!

KUNIGUNDE: Ja, und ich hab' das Kind auch noch dabei!

HEINRICH: Ja, wo ham Sie's denn?

KUNIGUNDE: Im großen Turm oben.

HEINRICH: Auf unserm groß'n Turm? Ja, da is's ja feucht oben... des werd' Eahna ja hin... wenn's des a paar Woch'n da oben ham, fangt's ja z'graweln an... des kriagt ja an Schimmel!

KUNIGUNDE: Aber Heinrich ...
HEINRICH: Jaaa und wer zieht denn des Kind auf?
KUNIGUNDE: Ach Heinrich, das ist ja das Dumme, daß es deine Frau nicht aufziehn kann!
HEINRICH: Meine Frau? Warum denn net? Die zieht's scho auf. Dera geb'ns a paar Taler und de ziehts auf; de hat ja mich auch aufzog'n ... na, mein Vata ...
KUNIGUNDE: Aber Heinrich, deine Frau ist doch tot.
HEINRICH: Wer sagt denn des?
KUNIGUNDE: Deine Frau ist doch gestorben.
HEINRICH: Mei' Frau?
KUNIGUNDE: Aber geh Heinrich, schon vor zehn Jahren.
HEINRICH: Was, mei Frau is' tot?
KUNIGUNDE: Selbstverständlich!
HEINRICH: Ja, daß de mir nie was g'sagt hat davon! – Drum hab' i de scho' so lang nimma g'sehn! ... Ja was is des!
KUNIGUNDE: Ich weiß nicht, was ich nun machen soll.
HEINRICH: Ja und ... in der Stadt drin hams des Kind gebor'n? Und wer is' nacha der Bohrer ... ah ... der Vata wollt ich sag'n?
KUNIGUNDE: Das ist es ja, was ich nicht sagen kann! – Das einzig Nette ist, daß es ein Bub ist.
HEINRICH: A Bua is's? Aber da hat Eahna Vata de größte Freud!
KUNIGUNDE: Um Gottes willen! Mein Vater darf es überhaupt nicht erfahren!
HEINRICH: Warum denn net? Der hat de größte Freud! Er hat doch immer g'sagt: ›Wenn nur amal mei' Kuni heirat'n tat, damit a Erbe ins Haus kommat, wenn i amal abkratz – daß wer mei' Burg übernimmt!‹ – Des muaß i eahm gleich erzähl'n!
KUNIGUNDE: Heinrich! Um Gotteswillen, bleib da! Mein Vater darf das nicht erfahren, überhaupt kein Mensch! Ich bin ja nicht verheiratet!
HEINRICH: Des is' ja wurscht!
KUNIGUNDE: Nein Heinrich, das ist nicht wurscht! Du darfst es keinem Menschen sagen ... verstanden?
HEINRICH: I hätt's a neamand g'sagt; der oanzige wär' Eahna Vata g'wes'n ... Jaa und wer is' jetzt eigentlich der Vata?
KUNIGUNDE: Das kann ich nicht sagen, Heinrich.
HEINRICH: Mir können Sie's schon sag'n! Kenn ich ihn?

KUNIGUNDE: Freilich kennst du ihn – aber ich sag es nicht! Da kämst auch net drauf.

HEINRICH: (sinnt nach) Wer könnt jetzt des sein? (Nach einer Weile) Ich bin's fei net! ... Aber i woaß scho, wer's is' ... von Ismaning der Ritter...

KUNIGUNDE: Ach, du meinst den Ritter Lenz.

HEINRICH: Jaa, der Ritter Lenz! Wissen's, der hat Eahna doch so gern g'sehn, und Sie ihn auch!

KUNIGUNDE: Ach, der Ritter Lenz...

HEINRICH: Vor anderthalb Jahr war er immer da – d' Zeit stimmat! ... Wissens, wen i mein, den mit dem roten Spitzbart.

KUNIGUNDE: Ja, das ist der Ritter Lenz. – Aber der ist es nicht.

HEINRICH: Eine Frage: Hat's Kind an rot'n Spitzbart?

KUNIGUNDE: Aber Heinrich, red' doch net so dumm! Das errätst du nie! Gib mir lieber dein Ehrenwort, daß du nichts verrätst!

HEINRICH: Das könnens scho ham. Da halt i sowieso net viel drauf! ... Also, wer is'?

KUNIGUNDE: Gib mir deine Hand!

HEINRICH: Meine weiße Hand. – Lass'ns nur wieder los – i brauchs ja zum Grüß Gott sag'n! – Also, wer is's?

KUNIGUNDE: Der Rodensteiner!!!

HEINRICH: Was!!! Wie!!! Der Rodensteiner ... auf Schwaneck? – Na, des gibt's net! ... Fräulein Kuni, des kann net sein! – Da täusch'ns Eahna!

KUNIGUNDE: Aber Heinrich, ich werde doch wissen, wer der Vater ist!

HEINRICH: Der Rodensteiner?! ... O du lieber Meingott! ... Ja was is' denn des! Fräulein Kuni, was hams da g'macht! – Wie können Sie sich so vergessen! ... Der Rodensteiner! ... Von Eahnan Kind der Todfeind ... ah, von Eahnan Todfeind das Kind (verwechselt noch mehr). Wenn des Eahna Vater erfahrt, der laßt Eahna dreimal köpfen ... der laßt Eahna aufspießn wia an Steckerlfisch ... der laßt Eahna in da Folterkammer strecken, daß 's nur mehr in einer Kegelbahn übernachten können!

KUNIGUNDE: Sonst weißt du mir keinen Rat – als das ... ?

HEINRICH: Ja mei, was soll ma da sag'n? (Man hört einen Krach)

KUNIGUNDE: Oh, jetzt kommt der Vater! Geh zu – gell, du weißt von nichts!« *Ende der dritten Szene des ersten Aktes.*

Otto Zagler habe ich aus den Augen verloren. Annemarie Fischer erinnert sich heute noch gerne an diese Abende. Von Wilhelm Lukas Kristl habe ich erfahren, daß Annemarie Fischer, die Tochter des Musikprofessors Dr. Joseph Ludwig Fischer, schon als Schulmädel auf der väterlichen Bühne mitgewirkt hat. Später ist sie in Operetten aufgetreten und hatte auch bei Konrad Dreher noch gespielt. Sie war also trotz ihrer Jugend kein Neuling auf den Brettern, doch die Zusammenarbeit mit Karl Valentin war für sie etwas völlig Neues. Mit ihren eigenen Worten: »... Zwei Tage vor der Eröffnungsvorstellung wußten wir nur, daß im Weinrestaurant Ritterspelunke ein Ritterstück aufgeführt werden sollte. Wir schrieben uns die Punkte auf, was in so einem Ritterdrama alles passieren könnte. Das war das Gerippe. ›Red was, damit mir was einfallt‹, sagte Valentin.
Meistens fielen ihm gleich soviele Antworten ein, daß wir uns nachher, wenn wir ausgelacht hatten, erst wieder den Kopf zerbrechen mußten, was denn eigentlich das Stichwort zu diesem ganzen witzigen Dialog gewesen war. Es mußte sich auch erst herausstellen, ob die Rolle, die sich Valentin zugedacht hatte, auch wirklich zu ihm paßte. Beim Ritterdrama zum Beispiel spielte er zuerst den Ritter. Bei der fünften Improvisation kam er darauf, daß er für den Recken Heinrich viel geeigneter war. Nach der zwanzigsten Aufführung soll Otto Zagler das Stück niedergeschrieben und es Ihrem Papa zur Korrektur überreicht haben. Aber er wehrte erschrocken ab: ›Um Gottes willen! Wenn i les, was da alles g'schriebn is – was i alles auswendig wissen soll, na trau i mi des nimma spuin!‹
Einmal hab ich mich beim Sprechen verschluckt. Sofort merkte er meine Verlegenheit und sagte: ›Mach' ma halt a kleine Pause!‹ Und da soll man ernst bleiben und weiterspielen! Ein andermal hab ich einen ganz kleinen Augenblick beim Sprechen gestockt. Valentin: ›Weißt nimma weiter‹, ruft er, ›na wart'n ma a bißl, i hab Zeit!‹ Und lehnte sich demonstrativ an die Wand. Dabei mußte ich in meiner Rolle tief erschüttert gestehen: ›Das Kind ist vom Rodensteiner!‹ Wir spielten alle mit Begeisterung, denn wenn man Valentins Gesicht sah, war alle Kritik wie weggeblasen.«
Wie sehr Annemarie Fischers Schilderung zutrifft – die Art des

Zusammenspiels mit Valentin –, geht auch aus dem irgendwo abgedruckten Satz hervor: »... Und wenn anderswo eine genau festgelegte Spielfolge den Abend beherrscht, so dominiert hier der launige Einfall, die schalkhafte, von hundert lustigen Gedanken blitzende Improvisation.« Ja, die Ritterspelunke war das außergewöhnlichste aller Lokale, die es damals in München gab: Ein wirklicher Keller im Bauch einer Großstadt. Schwarz und verräuchert. Ein Anschlag verriet in großen Buchstaben »Komiker-Vorstellung«, so, wie es auch bei den alten Münchner Volkssängern der Brauch war. Der kleine Raum war nur allzu schnell überfüllt! Man hielt Ausschau nach der Spelunken-Bühne: Eine vergrößerte Tischplatte auf ein paar Hockerl gestellt, von Moritatenbildern eingerahmt, das war sie! Das stattliche Orchester von drei Mann leitete die Vorstellung ein. »Nein, man soll es nicht glauben, daß soviel Lachen in so einem engen Kellergewölbe Platz hat«, schrieb der Münchner Wochenspiegel. Und am 30. November 1940 lachten die Münchner und auch Nicht-Münchner zum letzten Mal in Karl Valentins Ritterspelunke am Färbergraben 33.

39

»Ab Dezember 1940«, so in Papas korrekt ausgefülltem Fragebogen, »wurde ich von der NSDAP boykottiert und weder für Film noch für Rundfunk herangezogen. Durch Feindeinwirkung gingen Theater und Cabaretts verloren. Als Schriftsteller schrieb ich monatlich einen komischen Artikel für die Feldpostzeitung, für den ich 75 RM Honorar erhielt. Davon eine Kostprobe:
Brief aus der Heimat. Von Karl Valentin, Juni 1944.
Sehr geehrte Soldaten! Da zur Zeit in der Heimat Papierknappheit besteht, ist es mir unmöglich, von den Millionen Soldaten an jeden einzelnen zu schreiben. Deshalb bringt Ihnen die Münchner Feldpost einen offenen Brief aus der Heimat. Mir geht es persönlich eigentlich nicht fast ganz gut. Es hat sich bei

Fingerabdrücke / Finger-prints / Dactyloscopie / Отпечаток пальца

Rechter Zeigefinger
right forefinger
index droit
Правый указательный палец

Linker Zeigefinger
left forefinger
index gauche
Левый указательный палец

(Unterschrift des Kennkarteninhabers)

München, den 7. August 1946

Der Landrat des Kreises München
(Ausstellende Behörde)

(Unterschrift des ausfertigenden Beamten)

Gebühr RM.

Erste Kennkarte nach dem Krieg

Weiß Ferdl bei Valentins Beerdigung am 11. Februar 1948

Grabstein auf dem Friedhof von Planegg

Der Valentin-Brunnen am Viktualienmarkt. Skulptur des Münchner Bildhauers Ernst Andreas Rauch

Eingang zum Valentin-Musäum im Münchner Isartor mit Blick auf Schloß Neuschwanstein (Ansichtskarte)

uns nicht besonders viel Neues ereignet. Gestern vormittag hat sich die Frau Wimmer einen Zahn reißen lassen – geht ihr aber schon wieder bedeutend besser und am Tage vorher ist ihr vor ihrer Wohnungstür der Fußabstreifer gestohlen worden; noch dazu wo ihr Mann im Felde steht. Vor drei Tagen war ich im Kino, da wurde ein wunderbarer Film gegeben. Leider habe ich denselben nicht gesehen, weil plötzlich ausverkauft war. – Gemüse gibt es momentan sehr wenig, weil die Sauerkrauternte voriges Jahr nicht unbedeutend zu wünschen übrig ließ. – Mein Jugendfreund Benedikt, den Ihr alle sicher nicht kennt, hat sein Fahrrad, welches er in Reparatur gegeben hat, noch nicht bekommen. Er regt sich darüber weniger auf, da er ja noch eins hat, von welchem allerdings am hinteren Rad einige Speichen fehlen, am vorderen Rad fehlen alle. Am verflossenen Sonntag hatten wir Besuch, Frau Meierhofer, deren Mann Berufskaminkehrer ist, hat uns erzählt, daß ihr Neffe behauptet hat, ihr Mann sei Modell gestanden zu dem schwarzen Mann ›Feind hört mit‹, den man in der ganzen Stadt in dunkelschwarzer Farbe oder Ruß hingemalt hat. Am nächsten Freitag sind es ziemlich genau 10 Jahre, daß dem Herr Kreuzer, der neben uns wohnt, seine Uhrkette gestohlen wurde.

Wer dieselbe gestohlen hat, wurde trotz damaliger sofortiger polizeilicher Ermittlung nicht ermittelt. Da es nur eine billige Kette war, hat sich Herr Kreuzer bereits über den Schaden hinweggesetzt, was ich ihm auch nicht verdenken kann. Ja, ja, das Leben ist sehr vielseitig! Bei einem geht es so und beim andern nicht so. Ich bin herzlich froh, daß der vergangene Winter mit seinen üblichen Schneefällen sein jähes Ende gefunden hat, denn das ewige Frieren, welches durch die Kälte verursacht wird, wirkt auf empfindliche Menschen geradezu peinlich. Die Sommerzeit, die die gesegneten Sonnenstrahlen vom Himmel zur Erde hinabwirft, ist den Menschen liebwerter als der Schnee. Aber auch die Sonnenbäder haben ihre Schattenseiten! Wie viele Menschen haben sich durch zu langes in der Sonne Liegenbleiben Sommersprossen und ähnliche Krankheiten geholt, deren Folgen sie sich selbst zuzuschreiben haben. Unser Radio geht jetzt wieder sehr gut, weil wir eine neue Röhre hineingekauft haben. Der Lautsprecher ging zu leise. Nun bereitet uns der Radio wieder einen schönen Empfang. Besonders die Übertragung aus Laibach verfolgen wir mit rigorosem Interesse und es wirkt geradezu erfrischend und wohltuend, wenn er sich äußert ›mit baldiger Entwarnung ist zu rechnen‹. Noch schöner wäre es für uns, wenn er sagen würde ›mit baldigem Frieden ist zu rechnen‹. Wie würden sich da die Überlebenden freuen. Manche werden den Frieden nicht mehr erleben. Wir haben z. B. in unserer Stadt München zwei Frauen, die hundert Jahre alt sind. Bei denen ist es fraglich. Ich habe mir zum Zeitvertreib einen Hasenstall gezimmert, zum Hasenzüchten. Es fehlen mir aber noch sechs Bretter dazu, 2 m lang und 30 cm breit. Da die Bretter aber sehr schwer zu bekommen sind, wende ich mich an Euch. Vielleicht hätten Eure Pioniere draußen an der Front einige übrige Bretter, die sie mir zuschicken könnten. Natürlich nicht brieflich. – Sonst weiß ich für heute nichts Neues d. h. nichts, was Euch noch besonders interessieren könnte. Mein Enkelkind geht nun seit einem Jahr in den Kindergarten; die Kinderschwester ist schon eine ältere Dame und läßt Euch ebenfalls herzlich grüßen. Auch ich grüße Euch ebenfalls aus der Heimat, mit dem Wunsche, daß Ihr mich auch nach dem Kriege alle einmal besuchen möget; aber bitte nicht alle auf einmal, denn für Millionen heimkehrender Soldaten habe ich nicht Platz in meiner Wohnung. Von München selbst weiß ich nichts Neues. Es ist alles – bis auf einiges – beim Alten geblieben.

Solang da drunt am Platzl
noch steht das Hofbräuhaus
solang stirbt die Gemütlichkeit
der Münchner niemals aus.

Mit herzlichem Gruß!
Karl Valentin«

40

Anno 1935 soll Papa gefragt worden sein:
»Herr Valentin, was sag'n Sie eigentlich zum Hitlerregime?«
Papa: »Ich sag garnix. Des werd' ma doch no sag'n dürf'n!«
Kein Witz, sondern eine wahre Begebenheit, spielte sich während einer seiner Proben ab: Er bat den Kapellmeister – nicht die Liesl Karlstadt, sondern einen Fachmann! –, er möge zu seinem Auftritt einen Marsch von Leo Fall spielen. Daran sei er so gewöhnt. Aber der Musikus verweigerte ihm das »aus rassischen Gründen«.
Nach einer tiefen Schnaufpause platzte Papa heraus: »... nur guat, daß da Edison koa Jud war ... sunst könnt' ma heut' Petroleumlamp'n anzünd'n!«
Professor Mette schrieb zu diesem Thema:
»Äußerungen über Hitler und sein Regime hörten wir anfangs nur gelegentlich aus seinem Munde; harmlose Späße, die immerhin andeuteten, daß ihn keinesfalls etwas mit dem Hitlerfaschismus verband. Er erzählte uns von einem kürzlichen Zusammentreffen mit Hitler, das wohl von dessen Getreuen arrangiert worden war. Als merkwürdig war ihm erschienen, daß ›der dag'sess'n war und nix gredt hat, nur mit seine Finger hat er allaweil g'spuit‹. Valentin gewann dabei vor allem den Eindruck, daß er ›in dem seiner Haut net steck'n möchat‹! Allein schon wegen der Eventualität von Attentaten. Daß aus dieser Begegnung kein für ihn positives Fazit resultierte, ist begreiflich. Später sah Valentin seine Besorgnis, die ihn doch peinigte, bestätigt, und in den Zeilen, die wir während des Hitlerkrieges von ihm erhielten, fanden sein Entsetzen und seine Empörung über das frevelhaft heraufbeschworene Unheil vielfältigen Ausdruck. Erstmals bediente er sich jetzt bei Mitteilungen über die argen Verhältnisse und den erlittenen Verlust an Hab und Gut auch in anprangerndem Sinne zum Abschluß lakonisch des Hitlergrußes, den er bisher vermieden hatte.
In einem seiner letzten Briefe an uns hieß es beschwörend: »Ich habe heute schon Angst vor der Generalprobe der Atombombe!« Bei solchen Aussprüchen war es ihm bitter ernst zumute. Nicht

ganz so, wenn er für die Uniformen des ersten Weltkrieges schwärmte: aber blau gehörte nun mal zu seiner Lieblingsfarbe! Und ein Militärmarsch war für seine Ohren ›was schneidiges‹! Nach erfolgter Musterung – damals – überfielen ihn geradezu seine Artgenossen: ›Valentin! ... bist du kv?‹ – ›Valentin: Mhm! K.V.!‹ antwortete er mit gut gespielter Niedergeschlagenheit. Die Anderen: ›O je! Dann nehmens uns alle!‹ Papa: ›Wieso? ... ach soo ... weil i K.V. gesagt hab', na na ... des habt's ihr falsch verstand'n ... i bin net kv* ... i hoaß K.V. ... Karl Valentin!‹«
Der Militärarzt verabschiedete Papa mit der Bemerkung: »Bleib'n Sie in der Heimat, Herr Valentin, da brauchen wir Sie notwendiger!«
Papa tröstete – auf seine Weise – die Daheimgebliebenen. Er trat als Mimiker auf. Sogar recht zeitgemäß. Fast *zu* zeitgemäß:
Er stellte sechs Personen dar:
einen Konditor mit weißer Jacke,
einen Gärtner mit Strohhut, schwarzem Bart, Regenmantel und einem Blumentopf in der Hand,
einen Schreiner, ohne Hut, mit neuer Perücke und Schnauzbart, einer Schürze, seinen Hobel haltend,
König Ludwig mit Hermelinkragen, vor dem Gesicht eine König-Ludwig-Maske,
Napoleon von rückwärts mit hochgestelltem Kragen und
Kaiser Wilhelm *hinter* der Front, mit Gasmaske.
Alle haben darüber gelacht. Nur ein höherer Offizier stellte Valentin nach der Vorstellung zur Rede:
»Herr Valentin ... was wollen Sie eigentlich damit sagen, daß Sie unsern Kaiser Wilhelm mit Gasmaske zeigen? Unterlassen Sie das gefälligst! Ich warne Sie!«
Valentin schildert ein Erlebnis, das sich im August 1914 bei Benz abspielte:
»Wir probten gerade eine Revue ›Im Lande der Kastanien‹, als wir von draußen einen intensiven Trommelwirbel vernahmen. Natürlich haben wir die Probe unterbrochen und sind, um uns davon augenscheinlich zu überzeugen, was das zu bedeuten habe, auf die Straße geeilt. Neben dem Trommler verlas ein Sergeant:

* kriegsdienstverwendungsfähig.

›Im Namen Seiner Majestät, König Ludwigs III. von Bayern: Frankreich hat heute Deutschland den Krieg erklärt‹ usw.
Schweigend gingen wir in das Haus zurück – die Probe war aus –, und acht Tage später gingen schon mindestens zehn Männer aus dem Hause hinaus und sangen mit Blumen geschmückt ›Ich hatt' einen Kameraden‹. Viele wurden arbeitslos. Von höchster Stelle kam der Befehl, die Vergnügungsstätten dürften wieder – nachdem sie acht Tage geschlossen hatten – geöffnet werden, aber nur unter der Bedingung, daß ausschließlich ernste, patriotische – eben der Kriegszeit entsprechende – Vorträge gebracht wurden.«
Valentin: »Ich kann doch als Komiker nicht ›Das Grab auf der Heide‹ singen!«
Direktor Benz: »Was Sie vortragen, Valentin, ist mir egal. Jedenfalls sind nur ernste Vorträge erlaubt.«
»Um nicht arbeitslos zu sein, schrieb ich mir über Nacht eine Kriegsmoritat. Liesl Karlstadt bediente die Drehorgel und ich sang dazu. Wir beide blieben todernst. Das Publikum weniger.«
Eine andere Aufzeichnung meines Vaters stammt aus den Revolutionstagen 1918/19:
»Ein alter Militärmarsch betitelt sich ›Mit Bomben und Granaten‹! Der heißt nur so! Wir standen damals gerade auf der Bühne des Konzertsaales im Neuen Hackerkeller auf der Theresienhöhe, wo wir eine unserer heiteren Szenen spielten. Hinter unserer Arbeitsstätte standen wirklich Bomben und Granaten, Bajonette und Maschinengewehre bereit, um bei einem eventuellen Überfall zur Hand zu sein. Erst am frühen Morgen, als die Regierungstruppen die Menschenmenge zerstreuten, konnten wir unbehelligt dieses Haus verlassen.«
Papa über Politisches mit einem Spezl:
»Wennst nix von der Politik verstehst, nacha redst net so saudumm daher – des hoaßt net Komponist, sondern Kommonist.«
»Kommonist?«
»A Komponist is ja a soichana, der zum Beispiel an ›Tölzer Schützenmarsch‹ komponiert hat.«
»Na! Des is net wahr, an Tölzer Schützenmarsch hat – des woaß i zufälligerweis – a Gastwirt von Tölz komponiert.«
»Is ja verkehrt – du moanst ja musiziert.«

»Naa! – Oana, der wo a Musi macht, is koa Komponist – des is a Musikant.«
»Na – der wo die Musi spielt, is a Musikant.«
»Du spinnst ja – dann waar ja mei Radio dahoam aa a Musikant, der spielt aa oft a Musi.«
»Du redst no grad so dumm daher wia damals im Weltkrieg 1914 – da hast a daherpolitisiert und hast allaweil vom Bierverband anstatt vom Vierverband dahergredt.«
»Aber du hast a nix verstanden, weilst damals gmoant hast, die Entente, des waar das hintere Ende von einer Ente.«
»Geh, du alter Sprüchmacher. Wie saudumm hast di damals gstellt beim Wählen, wost zu mir gsagt hast, i wähl einen Konditor statt einen Kandidaten, und wie du zu mir gsagt hast – für an Kaminkehrer is jetzt a harte Zeit, weil, wenn der an Radio hört, is er a Schwarzhörer.«
»Des hab i doch nur aus Gaudi gsagt.«
»A Gaudi – hast vielleicht da aa a Gaudi gmacht, wia du gsagt hast, dei Schwager is Strumpfbandführer worn, statt Sturmbannführer?«
»Daß du für dei Alter no so saudumm bist, da hab i heut noch den Beweis. Kannst dich noch erinnern, wia am Anfang vom Kriag die Verdunklungsvorschriften in der Zeitung gstanden san, da hab ich zu dir gsagt, daß im Englischen Garten Plakate angschlagn sind mit der Aufschrift: Das Herumschwirren von Glühwürmchen ist bei eintretender Dunkelheit polizeilich verboten. Dann bist am andern Tag mit dein'm Radl nuntergfahrn, weilst as net glaubt hast.«
»Ja, weil i anstatt Glühwürmchen Glühlämpchen verstanden hab.«
»A geh, geh, geh, geh, geh, geh, geh! – Glühlämpchen hast du verstandn, als wia wann im Englischen Garten Glühlämpchen umanandaschwirrn tatn.«
»Mhm. Du brauchst koa Angst ham, daß dir oana d'Weltmeisterschaft im Blödsei streitig macht! Kannst di no erinnern, wia damals auf der Insel Kreta die Fallschirmspringer gelandet san – da hast du zu mir gsagt, obs auf dera Insel allaweil regnen tut, weil die Fallschirmspringer alle an Schirm dabei ghabt ham.«
»Du hast ja aa damals an Blödsinn daher gredt, wiast gsagt hast,

da Hitler hat a Glück ghabt, daß er net Adolf Kräuter ghoaßn hat, sonst hättn ma schrein müssn Heil Kräuter!«
»Aber dei ganze politische Anschauung is ja nur a Kas gwen, denn wenn's nach deiner Ansicht ganga waar, hättn mir den Krieg verlorn.«
»Mir ham ihn ja verlorn.«
»Des woaß i schon! Ja moanst du, daß du alloa bloß an Kas dahergredt hast?«

41

»Kas« heißt soviel wie »Quatsch«. Und weil so viele Menschen Quatsch daherreden, muß man sie belehren. Mein Vater tat das mit seiner Valentin-Zeitung: »Wissen Sie schon, daß der Krieg 1870/71 um 29 Jahre kürzer war als der Dreißigjährige? Und daß Ferdinand von Miller die Bavaria für eine Pflanze angesehen hat – warum? Weil er dieselbe gegossen hat! Und daß München heute 76 Kinos hat gegen gar keine vor 100 Jahren? Und daß mancher seine eigenen Fingernägel zum Fressen gern hat? Und daß ein weiches Ei nicht als Zahnstocher benützt werden soll? Und daß Pfingsten vor Ostern kommt, wenn man den Kalender von hinten liest? Und daß gewöhnliches Zeitungspapier praktischer ist als steifes Packpapier?«
So was *hat* man zu wissen! Karl Valentin wußte es. Und hat das in seiner Zeitung, Jahrgang 1, Nummer 1, im September 1935 für 20 Pfennig weitergegeben. »Die Zeitung erscheint nur Hie und Da.« Es blieb aber bei der einen Nummer. Der letzte, kleingedruckte Satz lautete: »NB. Sammeln Sie diese Hefte und lassen Sie dieselben einbinden, dann haben Sie ein lustiges Buch.«
»Das gibt's nur einmal« ist die Überschrift einer wahren Begebenheit, die er auf der ersten Seite erzählt. Sie hat sich 1912 zugetragen, im Frankfurter Hof. Die alte Bühne, die seit 1870 bestand, sollte durch eine neue, komfortablere ersetzt werden. Um keine Vorstellung einzubüßen, wollte man nach Schluß der Dar-

bietungen bereits mit dem Abreißen beginnen. Die Nacht und der kommende Tag hätten genügt, um die nächste Vorstellung bereits auf der neuen Bühne stattfinden zu lassen. So dachte sich das Direktor Durner, der ja auch ein guter Kaufmann war. Die weitaus bessere Idee hatte Karl Valentin:
Es handelte sich bei der Schlußnummer des Abends um eine Bauernszene: Der Bauer kommt spät nach Hause und bekommt von seiner Bäuerin eine Gardinenpredigt serviert. Es gibt Streit. Der Bauer fängt zu toben an, haut mit der Faust auf den Tisch. An diesem Abend aber geschah das Einmalige: Nach der Gardinenpredigt ergriff der Bauer nicht bloß das Wort, sondern auch das Beil und schrie aus Leibeskräften: »Jetzt wird's mir aba amal z'dumm! Himml-Sappramént!« Und ein wuchtiger Hieb zertrümmerte die Zimmertüre. Dann schrie er zum Fenster hinaus: »Großknecht! Da geh' rei' ...!« Und herein kam der Großknecht (Valentin), auch ein Beil in der Hand.
Die Bühne zerfiel in Trümmer. Zu allerletzt wurden sogar noch die Podiumsbretter aufgerissen. Einige Zuschauer flohen aus dem Saal; sie meinten, die Schauspieler »san jetzt narrisch worn«! Andere: »Also, de ham natürlich g'spuit!«
Eine kleine Spitzbüberei hatte sich Papa zur eigenen Freude vorbehalten: Von dem Plan, die alte Bühne auf diese Weise »abzutragen«, hatte er nur dem Bauern etwas gesagt. Die Bäuerin war so ahnungslos wie das Publikum. Die Aufführung am nächsten Abend auf der neuen Bühne war bei weitem nicht so effektvoll.
Auf der zweiten Seite erzählt Karl Valentin, daß ein Mann, Doppelgänger von Beruf, in eine baumarme Waldgegend kam, um elektrischen Strom zu kaufen. Und daß er an der Haustüre einer alten Sandgrube verdrossen stehen blieb, um dann heiteren Mutes weiterzugehen etc. Fettgedruckt stand drüber: »Allerhand Sport«.
Dann gab es Kurznachrichten: »Valentin schreibt aus Berlin an seinen Freund: ›Mein lieber Freund, sei doch so gut, und schicke mir ein Pfund frisch gefallenen Schnee; die Berliner glauben mir nicht, daß es in München schon schneit. Schreibe aber auf das Postpaket 'nauf: ›Vor Wärme schützen‹!«
Auf Seite drei: »Neues vom Starnberger See: Einer alten Sage nach, aus dem Jahre 1925, sollen sich vom Undosabad aus im

vorigen Sommer aus unbekannten Ursachen Tausende von Menschen in den See gestürzt haben.« – »Karl Valentin kaufte am 25. August 1925 in einem Blumengeschäft einen herrlichen Blumenstock. Er ging damit in die Ludwigstraße und stellte denselben auf den Boden. Ein Fremder beobachtete das und meinte, er sei dem Valentin zu schwer. Da erwiderte dieser: ›Zu schwer is' er mir nicht, ich hab' ihn nur auf die Straß' gestellt, um zu gratulieren. Heute ist nämlich Ludwig!«

Auf Seite fünf erhalten Faschingslustige einen praktischen Hinweis für die originellste Maske.

Auf der nächsten Seite erzählt Papa von der Nockherbergregulierung und von der »Schlacht bei Ringelberg«. Wem diese vom Geschichtsunterricht her nicht mehr in Erinnerung ist, dem möchte Karl Valentin hier etwas nachhelfen:

»Im Zeichen des Krieges stand ein Flammenschwert, gebildet aus schneeweißen Wolken, am Abendhimmel. Gegen sechs Uhr am Morgen rückte ein Kriegsheer – bestehend aus vier Mann und 700 Pferden, bis an die Zähne bewaffnet – gegen Ringelberg vor. Da befahl König Pharao seinem Chauffeur: ›Gehe hin und streue Rotzglocken unter das Volk!‹ Und er tat es!«

Eine wissenschaftliche Plauderei über den Regen klärt uns dahingehend auf, daß »selbiger eine primöse Zersetzung luftähnlicher Mibrollen und Vibronen ist, deren Ursache bis heute noch nicht existiert wurde.«

42

Auf der letzten Seite seiner Zeitung berichtet Valentin vom Film: »Filme ansehen ist wirklich schöner, als Filme fabrizieren.« Er unterrichtet den Leser über »Des Film's Schattenseiten«:

»Bei einer Filmaufnahme 1913 wurde ich einmal in der Nähe des Sendlinger-Tor-Platzes aus einem Friseurladen geschmissen und voll Schmutz saß ich auf dem Straßenpflaster. Hunderte von Neugierigen, wie das bei Filmaufnahmen so ist, umstanden den

Schauplatz, und besonders hatten es die Kinder notwendig. Der Wurf ist gelungen, aber im selben Moment, wo ich aus dem Laden flog, flog auch eine graue Wolke vor die Sonne und verhinderte auf einige Minuten die Aufnahme. Als die Sonne wieder schien, flog ich wieder zum Friseurladen hinaus. Auch die Wolke flog wieder vor die Sonne und so ging das drei- bis viermal. Das wäre an und für sich nicht so arg gewesen. Die Saububen ärgerten mich viel mehr, die bei dem Ruf des Regissers ›Noch einmal, Herr Valentin!‹ immer schrien: ›Ui! Jetzt hat er's wieder net kenna – jetzt muaß er's noch mal mach'n!‹«
Und eine andere leidvolle Erfahrung:
»Ich wurde 1921 während einer Filmaufnahme vor vielen tausend Menschen auf dem Oktoberfest zwanzig Meter in die Luft gezogen. Man schnallte mich unfachgemäß in einen schmalen Riemen und zog mich mit einem Flaschenzug hoch. Obwohl ich nur einen Zentner und zehn Pfund schwer war, drang der schmale Lederriemen beinahe in mein Inneres ein und ich schrie herunter: ›Ich halt's nimma aus!‹ Aber bei solchen Aufnahmen geht es eben nicht anders – es wurde weiter gedreht. Obwohl mir vor Schmerz fast die Augen aus den Höhlen traten, mußte sich auch noch meine Partnerin, Liesl Karlstadt, an meine Füße hängen und wurde ebenfalls noch einige Meter mit mir in die Höhe gezogen. Fast ohnmächtig, wimmerte ich die Worte hinunter: ›Halt! Halt! Höher geht's nimmer!‹«
Schon 1912 war Valentin zum ersten Mal mit dem Film in Berührung gekommen. Peter Ostermayer hatte am Karlsplatz ein Fotostudio, wo er auch den Valentin-Film »Der neue Schreibtisch« drehte. Angespornt durch diesen Erfolg, setzte mein Vater es sich in den Kopf, selber Filme herzustellen. In einer seiner vielen Aufzeichnungen heißt es: »Aus Frankfurt a. M. ließ ich mir die ersten neu erfundenen Jupiter-Film-Scheinwerfer kommen. Fünf Stück! 2300 Mark war der Preis dafür. Ich zahlte 500 Mark an und jeden Monat einen Wechsel von 100 Mark. In einem Käselager des Kaufmanns Bernbichler in der Pfisterstraße, im Rückgebäude, direkt am Platzl neben dem Hofbräuhaus, entstand somit Münchens erstes Filmatelier. Mein ganzes sauer erspartes Geld, zirka 15 000 Mark, steckte ich in das Filmunternehmen und hoffte, in wenigen Jahren ein Film-Großindustrieller

zu sein. Aber es kam anders: In sechs Monaten war ich schon verkracht! Das erste was gekracht hat, und zwar gleich am ersten Tag, waren die fünf nagelneuen Jupiterlampen. Als die Laderinnung die Kisten im Hofe abgeladen hatte, packte ich dieselben persönlich aus und stellte die Teile der Jupiterlampen fix und fertig, in Reih und Glied, nebeneinander in eine Linie. Ich freute mich ob dieses Anblicks! Da bemerkte ich am Boden ein altes langes Brett. Das störte meinen Schönheitssinn! Ich packte es, hob es auf – und das Unglück war geschehen. Der erste Scheinwerfer schwankte, fiel auf den zweiten, der zweite schwankte, fiel auf den dritten, der dritte stürzte auf den vierten und der vierte auf den fünften. Und alle, die fünf nagelneuen Scheinwerfer lagen zerschmettert am Steinboden. Zuerst dachte ich an einen Traum, aber zu meinem größten Erstaunen war ich vollständig wach. Ich hatte die fünf Lampen zufällig auf das Brett gestellt. Ich sperrte das Atelier zu, ging taumelnd nach Hause und erzählte es meiner Mutter und meinem Geldmann, der auch mit 500 Mark beteiligt war.

Die Lampen wurden wieder repariert und nach vierzehn Tagen setzte der Betrieb wieder ein. Aber die Lampen stellte ich nie mehr nebeneinander. Ich besorgte mir einen Ungarn als Kameramann und begann mit meiner Partnerin, Liesl Karlstadt, meine Einakter zu verfilmen. Mit der Filmrolle unter dem Arm ging ich von Kino zu Kino; aber nur durch einen Bekannten gelang es mir, den Film vorführen zu lassen. Groß war unsere Enttäuschung über das, was wir da auf der Leinwand sahen: Nur dunkle Gestalten, oder besser gesagt, nur ihre Umrisse waren sichtbar. Der Kameramann aber war über alle Berge.«

In der Annahme, daß das Atelierlicht vielleicht an dem schlechten Resultat schuld war, probierte es Papa in einem Freilichtatelier, das er eigenhändig auf einer grünen Wiese gegenüber dem Ostfriedhof aufgebaut hatte. Aber auch dieser Versuch schlug fehl, und niemand nahm ihm den Film ab. Trotz aller Fehlschläge gab Vater den Gedanken ans Filmen nie auf. Seine »Raubritter vor München« und »Ein Sonntag in der Rosenau« lagen ihm am meisten am Herzen – und dabei blieb es schließlich auch. Gunter Groll schrieb 1947: »Amerika hat Chaplin – wir haben Valentin!« Otto Zarek sagte 1922, als der kümmerliche

Ausschnitt von Papas erfolgreichster Stegreifkomödie, seinem »Vorstadttheater«, unter dem Titel »So ein Theater« in Berlin lief: »München hat einen Gott, den Valentin!« Die glänzendsten Federn, darunter Kurt Tucholsky, Alfred Kerr und Alfred Polgar wetteiferten zu seinem Ruhme. Wegen ihrer »sozialen und Elendstendenzen« haben die Nazis seine letzten und sicher auch reifsten Tonfilme verboten. Und bei der Ablieferung an die amerikanische Besatzung gingen die Filme und Negative verloren.

Zu den wenigen, die erfaßten, daß Valentin für den deutschen Groteskfilm wie geschaffen war, zählte Walter Jerven. Unter seiner Regie spielte Papa seinen ersten abendfüllenden Stummfilm: »Der Sonderling«. Er schrieb auch das Drehbuch dazu. Dieser Film kam im Herbst 1929 heraus.

»Einen Film ›um Karl Valentin‹ muß man diesen ›Sonderling‹ nennen«, schrieb der Bayernkurier, »da sein schlagendes Herz natürlich der Großmeister des Humors ist. Der geliebte Strahl seines Humors bleibt – auch da, wo uns zunächst der Klang seiner Stimme zu fehlen scheint.«

Valentin hatte es nicht leicht mit dem Filmen. Dr. Gerhard Pallmann, der Herausgeber einiger Valentin-Bücher, formulierte das 1949 so: »Das Geheimnis um die Valentin-Filme: Karl Valentin hatte immer Zeit für den Film – aber der Film hatte keine Zeit für ihn!«

In einem Interview vom 15. 2. 1942 für Die Grüne Post in Berlin gibt Valentin neuen Filmhoffnungen Ausdruck: »Endlich hat einer den Mut g'funden, so mit mir zu filmen, wie ich will! Wissens' … zu einem lustigen Film ghört gar koa großer Prunk, koa Schloß net und koa Drum und Dran; was a wirklicher Komiker is', der muaß auch mit ganz wenig Mitteln die Leut zum Lachn bringa. Man muaß mich so spuin lassn wie i ebn spui'.«

»Und so wird«, schreibt die Grüne Post, »Karl Valentin mit dem Germania-Film unter Prechtls Leitung fröhliche Filme drehen. In kurzer Zeit wird schon die Filmarbeit losgehen, zusammen mit seiner unzertrennlichen und getreuen Liesl Karlstadt. Das Filmtheater in München ist so, wie es Valentin haben will: Ein alter Theatersaal mit moderner filmtechnischer Ausstattung – das ist sein Atelier, in dem er sich selbst spielen soll und will und uns sicher eine Reihe hochkomischer Filme schenken wird.«

Papa wünschte Filme zu drehen, in denen es durchaus nicht immer nur um Bayern geht. Damit wollte er sagen, daß die Bayern nicht *nur* jodeln, schuhplattln, oder raufen!
Ein andermal beklagte er sich in einem Interview: »Hier in Münhat sich noch kein Mensch gefunden, der in meiner Heimatstadt mit mir Tonfilme machen will. Und ich würde so gerne tonfilmen! Ich wär' schon froh, wenn ich im Atelier bloß die Jupiterlamp'n putz'n dürfte!«
»Lange bevor Chaplin in Europa bekannt wurde«, erzählte er, »kamen Filmleute zu mir und wollten mit mir einen Film drehen. Sie machten eine Probeaufnahme und stellten fest, daß ich als Filmkomiker unmöglich sei – weil ich keine Grimassen schneiden könne!« Seine ganze Verbitterung über die Filmgewaltigen, die ihn nicht verstehen wollten, ist einer Parodie zu entnehmen.

»Karl Valentins Filmpech.
Melodie: Lili Marleen

Vor Geiselgasteig – steht der Valentin,
er steht vor den Toren – selten war er drin.
Er hätte so gute Filmideen – doch wolln die Herrn ihn
nicht verstehn,
trotzdem er arisch ist – trotzdem er arisch ist.

Er hat schon gefilmt – in seiner Heimatstadt,
und diese Filme – man bewundert hat,
weil so was Eignes noch nicht da – rief man ihn nach
Amerika (1926),
doch blieb er Deutschland treu – doch blieb er Deutsch-
land treu.

Treue bis heute – hielt der Valentin,
doch mit den Filmen – steht es noch sehr schlimm,
er wollt' nicht nach Amerika – er wollte zur Bavaria,
der Weg wär nicht so weit – der Weg wär nicht so weit.

Weiter ist der Weg – zu der Bavaria,
als der Weg zu Wasser – nach Amerika.

O Valentin, wärst damals du – gefahren nach dem
Holewu,
wärst heut du Millionär – wärst heut du Millionär.

Doch der Valentin – der läßt sich nicht beirren,
einer, meint er, könnt's – in Deutschland doch probier'n,
er brauchte gar nichts um sich her – Verständnis nur
vom Geldgeber,
und a halbe Million – und a halbe Million.

Was Valentin nicht filmen will, sind:
Bayrische Filme – Schuhplattlergestampf,
Rauferei auf Kirchweih – Schmalznudelgedampf,
Zum Kammerfensterln schleicht der Bu-a
Beim Bayernfilm ist alles da:
Ha, ha, ha, ha, ha, ha – ha, ha, ha, ha, ha, ha.«

Dazu einige Seufzer aus der Presse:
Berliner Börsen-Courier: »Es bleibt unverständlich, warum Karl Valentin keine Förderung von der bayerischen, deutschen Filmindustrie erfahren hat. Hier hätte die große deutsche Charakterkomödie des Films geschaffen werden können. Vielleicht ist es noch an der Zeit!«
Vossische Zeitung: »Ein großer Verlust für die deutsche Filmindustrie, daß sie damals Karl Valentins Kunst nicht zu würdigen verstand!«
Frankfurter Zeitung: »Valentin literarisch verwandt ist ihm allein die schwarze Komik Wilhelm Buschs, dessen Tobias Knopp und Einsiedler Krökel niemand anders als Karl Valentin für den Film erobern könnte. Warum macht Valentin keine Filme mehr? Wir wissen aus seinem eigenen Munde, daß er sich zum Film zurücksehnt. Es ist den Filmgesellschaften kaum noch zu helfen, wenn sie einen Filmkomiker von der Größe Karl Valentins abweisen.«
Daß Karl Valentin schwierig war, entschuldigt einiges. Theo Prosl schrieb 1923 in einer Wiener Filmzeitung:
»Wird sich wirklich einer finden, der Valentin verfilmt, dann muß er den Staub seiner ganzen Lustspielschule hinter sich las-

sen und muß sich bewußt sein, daß er vor einem Problem steht – vor etwas ganz Neuem, dem man mit alten Praktiken nicht beikommen kann und das nur der wird lösen können, der einen Teil jener Kunst, deren Meister Valentin ist, selbst im Herzen trägt.«
Einer der Mutigen, der es mit ihm wagte, war Max Ophüls, der sich seiner gut erinnert, wenn er schreibt:
»Valentin: ›I mag net‹, sagte er, als ich mit ihm in Verhandlungen eintrat. ›Im Kino – i hab des amal g'sehn, da muaß oana durch den Schornstein krabbeln oder ins Wasser springen – des mag i net! I unterschreib Ihnen nur was, wenn's das hineinschreiben, daß i net ins Wasser springen oder durch ein'n Schornstein muß. Außerdem ... des Photographiern mag i aa net. Diese Apparate... Und wenn's woll'n, daß i spiel – i kann net sag'n, was i sagn soll. Und allein sagn kann i's aa net, da bleib i steckn.‹ – Als wir über die Gage sprachen, meinte er: ›Viel Geld brauch i net, weil i net weiß, was i damit anfanga soll. Der Doktor hat mir verboten, mehr Bier zu trinken als drei Glas pro Tag. Einen Sohn hab' i im Gefängnis: I mag'n net und hinterlass'n will i ihm aa nix.‹ (Ich hatte nie einen Bruder! d. Verf.) Beim Drehen führte ich mit ihm so Regie, wie er es vorgeschlagen hatte. Ich erklärte ihm die Situation der Szene. Zum Beispiel: ›Jetzt kommt der Dorfschulze und will von Ihnen Steuer haben. Die haben Sie nicht bezahlt. Aber Sie haben kein Geld.‹ Währenddessen kam der Dorfschulze herein. Der Valentin rief das Fräulein (Liesl Karlstadt) und sagte, was ihm gerade einfiel. Auf alle Fragen, die an ihn gerichtet wurden, fand er seine eigenen Antworten.
Nach meinem Film wandte sich die Ufa an Karl Valentin und wollte ihn für einen neuen Film mit mir nach Berlin kommen lassen. Die Verhandlungen schienen sich zunächst äußerst schwierig zu gestalten. Valentin erklärte: ›I bin a Hypochonder und i mag net reisn. Wenn ich in einem Zug sitz, da weiß i net ob der Lokomotivführer wirklich aufpaßt. I reis' nur, wenn i in der Lokomotiv sitzn kann.‹ Die Ufa war dazu bereit. Kurz vor der Abfahrt kam ein Telegramm: ›Mag net. Ich möcht in München sterb'n.‹«

43

Erfindungsgeist, ein etwas schwacher Glaube an die eigene Geschäftstüchtigkeit und die Lust, seine Mitmenschen zu unterhalten, ließen Valentin in die Kinoreklame »einsteigen«. Das Geschäft zeitigte neben finanziellen Verlusten folgende Resultate:

Altes
Adreßbuch ist wegen Neuanschaffung eines solchen
abzugeben. Tausch mit einem Kostkind nicht ausgeschlossen!
Schweizerkäs-Institut, Bebraham u. Co.

Kaufmannslehrling
der 45 Jahre in einem Geschäft tätig war,
sucht Stellung als Veteran.

Warm
zu empfehlen ist mein prima Fruchteis,
Vanille-, Erdbeer- und Saubeeren-Geschmack
Josef Süß, Konditor-Ei

6 stück
wenig gebrauchte Dampfnudeln
weit unter dem Anschaffungspreis abzugeben.
Zu sprechen am Samstag zwischen 8.7 Uhr
Eglfing, A. Xxzksßz

Kochherd
samt halbfertigem Schweinsbraten
günstig zu verkaufen

Marmorgießerei
übernimmt sämtliche Aufträge in Stiegenputzen,
Preiselbeereinkochen, Einstudieren von Chorgesängen,
Kaminausbrennen, Reparaturwerkstätte
zum Ausblasen von Stallaternen jeder Art.
A. Meier mit Frau und Co. G.m.b.H.

Trambahnschaffner
der auch mit Kindern gut umgehen kann,
erteilt Unterricht im Schwammerlsuchen

Stiegengeländer
auf Samt gearbeitet. Nähe des Perlacher Forstes,
ist wegen Abreise zu verkaufen
Flaschenbier-Gärtnerei
Ispinn u. I. A. 13b

Toilettenfrau,
die auch gut bürgerlich kochen kann,
zum Kegelaufsetzen gesucht!
Kaution kann gestellt werden

Papagei

samt Messingkäfig entflogen.
Dortselbst ist auch eine leere Badewanne zu verkaufen.

Gebiß

wurde verloren von alter Dame. Vor Mißbrauch und
Selbstbenützung wird gewarnt.

Kartoffel-Acker 20–30 Tagwerk zu kaufen gesucht.
Womöglich Nähe des Marienplatzes.

Zugehfrau

die auch wieder weggeht, sofort gesucht.
Vorzustellen bei M. Tucker, London,
Feldmochingerstreet S E. 9587 1/7942.

Am verflossenen Freitag wurde Ecke Marienplatz
eine Havanna-Zigarette verloren.
Abzugeben bei E. Weiss – Schwarzstraße 0/4
Vorsicht, brennt noch!

Wanzen
entfernt samt Betten und Möbel usw.
Jakob Pflicht, Gerichtsvollzieher.

Eine Mundharmonika mit Fußbetrieb
zu kaufen gesucht.
D. Exp.

Runde Kreissäge (drehbar)
zum Schwartlingschneiden an junges Ehepaar oder
Schreinermeister zu verkaufen.

Verloren wurde Dienstag abend zwischen Karlsplatz und
1/2 7 Uhr ein silberner Spazierstock (längliche Fasson).
Abzugeben womöglich brieflich an die Exp. des Blattes.

Kein Taschentuch mehr nötig!
Elektrischer Taschennasenvakuum Fix
Für Kinder zum Aufsaugen von »Rotzglöckerln«
unentbehrlich!!

Wer lernt einem sechs Wochen alten Kind
das Gehen?

Schönes Speisezimmer
bestehend aus ›Speise und Zimmer‹.
Offerte unter 333333

Ein stehendes Messer, welches jetzt irgendwo liegt
ging verloren.
Vor dem ehrlichen Finder wird gewarnt!!!

Aufzug (Lift) 5 Personen fassend, wurde samt Drahtseil
und Luftschacht gestohlen.
Der dadurch stellenlos gewordene Liftboy, 16 Jahre alt,
Vater von 5 unmündigen Kindern, bittet um Rückgabe
des Aufzuges – ohne Personen.

44

Für längere Mitteilungen hatte sich Papa nach dem zweiten Weltkrieg besondere Briefbogen drucken lassen: Normales Briefformat in Elfenbein-Farbe; oben links, groß gedruckt in blauer Farbe, hieß es: »Karl Valentin«. Darunter eine Zeichnung von Franziska Bilek. Die sah so aus: Um Valentin tippten drei niedliche Bürodamen in ihre Maschinen, was der Meister soeben produziert. Dies wird auf großen und kleinen Rollen weitergeleitet und heraus kommen »fertige Texte«. Ebenfalls in blauer Farbe stand darunter »Schriftsteller für Bühne, Film, Zeitung, Rundfunk usw.« Den Aufdruck »Rundfunk« hätte sich Papa sparen können!

Er hatte nicht mehr viel zu suchen in diesem Hause. Er war ja auch nicht mehr komisch. Nur wollte er das nicht einsehen! Dabei hielt man mit dieser Erkenntnis nicht hinter dem Berg. Gegen Ende des Jahres 1947 hatte man ihn ins Funkhaus gebeten. Papa kam überraschend schnell zurück, und sein Gesichtsausdruck verriet uns alles. »Nix war's. I bin nimmer komisch – hams g'sagt.« Dann ging er, verlegen lächelnd, in seine Werkstatt zum Scherenschleifen.

Liesl Karlstadt hatte ihn damals ins Funkhaus begleitet. Sie erzählte, daß er, als er herauskam, noch blasser und magerer ausgesehen habe – so hatte man ihn verletzt.

Auf einem Manuskript, das er an den Rundfunk schickte, befindet sich der Nachsatz: »Bitte Empfang zu bestätigen und gleichzeitig die Ablehnung.« Michael Schulte bemerkt zutreffend: »Der Krieg wandelte den ohnehin zu Melancholie und Depression neigenden Valentin zu einem verbitterten Misanthropen.«

Am 24. Dezember 1947 kam Karl Valentin in der Süddeutschen Zeitung zu Wort: »Die Anfragen, warum wir am Radio München so selten oder überhaupt nicht mehr zu hören sind, wollen nicht mehr verstummen. Die Antwort: ›Nach dem Umsturz 1945 verpflichtete uns Radio München, aber nur unter der Bedingung, *neue* zeitgemäße Darbietungen zu bringen. Leider haben wir versagt – deppert daherreden, wie wir das 35 Jahre gemacht haben, dürfen wir nicht mehr – bleibt nix anders übrig, als ganz stad sei'. Hundertfünfundzwanzig Schallplatten von uns liegen im Schallarchiv des Münchner Rundfunkhauses. Vielleicht zeigt die neue Sendeleitung doch ein weiches Herz und läßt für viele alte Münchner und Münchnerinnen zum Christkindl a paar alte Schallplatten laufen – wie viele und welche, wissen wir net, denn mir zwoa habn dadrinn' nix mehr z'redn.«

45

Die Bomben des letzten Krieges hatten Karl Valentin aus München vertrieben. Wir wohnten alle zusammen in Planegg.
»I derf gar net dran denken, daß womöglich s'Sendlinger Tor nimmer steht!« Um die alten historischen Bauten bangte Papa mehr als um unsre Münchner Wohnung. »Meine Sammlung hab' i in Sicherheit und des andere Glump kann ma sich wieder anschaff'n.« Wortwörtlich durfte man das nicht nehmen, denn es hatte noch manches Möbel aus seinem Elternhaus gegeben, an dem er hing, und auch kleine Tische und Schatullen, die er als Schreinerlehrling angefertigt hatte. Sie überstanden nur teilweise den Krieg, deshalb auch der Brief an das zuständige Referat im Rathaus:
»Am 25. April 1944 wurde meine Wohnung in München, Mariannenplatz 4 durch Feindeinwirkung vernichtet. Nur einige Küchenmöbel konnte die Feuerwehr noch retten. Ich bezog hierauf mein kleines Landhäuschen in Planegg und wohne seit dieser Zeit in Planegg, Georgenstraße 2. Viele Umstände zwingen mich aber seit Jahren, in München wieder eine Wohnung zu suchen. Ich bin gewillt, meine Wohnung in Planegg, zwei Zimmer und eine Küche gegen eine ebenso große in München einzutauschen – aber nur, wenn sich diese im Parterre oder höchstens im ersten Stock befindet und die Hauptsache: es müßte im Rückgebäude ein kleiner Raum sein (Parterre) in welchen ich mir meine Werkstätte einrichten kann. Am liebsten wäre mir eine Wohnung in der Nähe des Hauptbahnhofes. Ich habe auch die Absicht, in

München wieder eine Singspielhalle einzurichten. Dieser Plan ist aber nur möglich, wenn ich wieder ständig in München sein kann. Zur näheren Besprechung bin ich gerne bereit, Sie persönlich zu besuchen.

Mit Hochachtung
Karl Valentin.«

Dieser Brief dürfte Ende 1944, Anfang 1945 geschrieben sein. Drei Jahre später, kurz vor seinem Tode, trug er den Behörden noch einmal seinen Wunsch vor und schloß:
»Daß wegen mir ein anderer aus seiner Wohnung raus muß, will ich in keinem Fall.«
Vater hatte noch viele Pläne: »a) Errichtung einer Singspielhalle, ähnlich wie Platzl, jedoch in meinem Stil und nur für zirka 300 Personen.
b) Errichtung eines Panoramas mit Münchener Bauten 1850 bis 1930.
c) Errichtung eines heiteren Museums, ähnlich der Ritterspelunke.
d) Errichtung eines eigenen Filmateliers.«
Diese Notiz stammt aus seinen letzten Lebensmonaten. Nur noch kurze Gastspiele waren ihm gegönnt. Und zwar im Kabarett Bunter Würfel vom 11. bis 15. Dezember 1947. Dann vom 22. bis 31. Januar 1948 im Simpl und noch einmal im Bunten Würfel. Ab 6. Februar sollte Papa wieder im Simpl auftreten. Doch dazu kam es nicht mehr. Dieser Vertrag blieb unerfüllt.
Nach seinem letzten Auftritt suchte er seine Pension auf, fand aber sein Zimmer anderweitig vergeben. Und so suchte Papa in dem zerstörten München nach einem Unterschlupf. Der Weg nach Planegg war ihm zu weit. Durchgefroren kehrte er wieder in seine Garderobe zurück. Auch hier konnte er sich nicht aufwärmen, die Garderobe war ungeheizt. Ein Dekorationsfetzen war sein Federbett. Und das war zu wenig. Aber es wäre gar nicht valentinisch gewesen, hätte er nicht enden müssen wie ein tragischer Clown. Er starb am 9. Februar 1948, einem Rosenmontag.
Es regnete in Strömen, als er am Aschermittwoch beerdigt wurde. Das Sächsische Tageblatt schrieb: »Als die Leichenträger den

Sarg die Treppe hinuntertransportierten, da hatten sie es nicht allzu schwer: der Geist, den Valentin in reichlichem Maße besaß, wog nichts, und sein dürrer irdischer Körper hatte es nur noch auf dreiundneunzig Pfund gebracht. Er wird wohl damit der magerste aller Engel auf der himmlischen Tanzwiese sein.«

46

Wilhelm Hausenstein:
»Ja, Valentin hat eine menschliche Abstammung. Sie ist zur Hälfte sächsisch, zur Hälfte hessisch. Vom Sächsischen (von der Mutterseite) kommt das Proletarische dieser Tragikomik – das komische Elend der Szene mit dem Christbaumbrettl, in der das Genie Valentins sich mit dem Genie des Thomas Heine zu kreuzen scheint. Aus dem Hessischen (der Vater war aus Darmstadt) kommt das Geistig-Radikale, das Dichterisch-Kühne. Aus München, wo Valentin in der Au geboren ist, kommt das Drastische, das Geselchte…
Als wir einmal zusammen hinter einem Glase Pfälzer saßen, da holte er aus der Herztasche eine Broschüre; er holte sie vorsichtig heraus, als wäre sie etwas Skandalöses. Es war: Immanuel Kant ›Von der Macht des Gemüts‹ (nämlich durch den bloßen Vorsatz krankhafter Gefühle Herr zu werden). Karl Valentin hatte darin eine Stelle über den Hypochonder angestrichen. Er zeigte sie mir und flüsterte: ›Schaugn S' her, Herr Doktor, des hat er g'spannt, da moant er mi.‹«

Alfred Polgar:
»Seine Verlegenheit ist ein Stück Urverlegenheit der Kreatur darüber, daß sie da ist. Seine Dummpfiffigkeit gibt er aus wie Zinsen eines Kapitals an Mutterwitz, mit denen er möglichst sparen will. Er hat den Galgenhumor eines zum schlimmen Leben Verurteilten, die Bosheit seiner Ohnmacht. Und das Glücksgefühl, frech und rebellisch denken zu dürfen – unantastbarer Besitz

auch derer, die gar nichts haben –, liegt als lichter Schimmer auf seinem Hungerleidergesicht.«

Walter Foitzick:
»Wer war dieser Valentin, dem sie zur Stunde das Grab schaufeln? Denen, die sich so oft von ihm das Zwerchfell erschüttern ließen, braucht man es nicht zu sagen, und den andern, die ihn nicht gesehen haben, wird man es schwer klarmachen können. Die Helden seiner Stücke – Helden des Mißgeschicks – komplizieren die einfachsten Dinge, sie sind Umstandskrämer, die das Roß sorgfältig beim Schwanz aufzäumen, dabei immer etwas bösartig, und der Mißerfolg gibt ihnen recht. Zweifelhaft bleibt es, ob Valentin das Tiefsinnige dieses grotesken Pessimismus gekannt und gewollt hat, aber er hat ihn restlos gestaltet. Und das Publikum wieherte vor Schadenfreude.«

O. E. Hasse:
»Er wird ein Begriff bleiben, dieser dürre, langaufgeschossene Münchner mit dem zerknitterten Gummigesicht, der seine Witze aus den Bezirken Daumiers, E. T. A. Hoffmanns herbeiholte – ein Begriff des Abseitigen, des Einmaligen. Seine Purzelbäume des Spintisierens, sein Sichverheddern in Grübelei schufen eine tief philosophische Clownerie, eine erschreckende Komik, die ihn weit über das Unikum hinaus in die wahre Kunst erhoben, ihn zum vertrackten Nachfahren Nestroys und Raimunds machten.«

47

»Valentin ist fast lebendiger geworden, seit er tot ist«, hieß es in einer Schallplattenbesprechung. Wir haben heute eine Valentin-Renaissance! Und wer einen Bummel durch München macht, wird am Viktualienmarkt, in der Au und im Isartorturm an ihn erinnert. Auch die Planegger Gemeinde betrachtet ihn »als den Ihrigen« und ehrte ihn mit einem Relief an Valentins Haus.

Am 24. April 1953 veranstaltete die Münchner Illustrierte im Hotel Bayerischer Hof ein Karl-Valentin-Fest. Der Reinerlös wurde dem »Arbeitskreis der Münchner Volkssänger« zugeführt, zugunsten eines Karl-Valentin-Fonds. Mit diesem Geld wollte man den künstlerischen Nachlaß Karl Valentins sichern und das Projekt eines Karl-Valentin-Denkmals ermöglichen. Ich glaube, unsere Münchner waren etwas erstaunt, als sie auf dem Denkmalsockel des einstigen Geheimkanzleichefs Freiherr von Kreittmayr eine bronzierte Gipsplastik vorfanden. Übermütige Festbesucher hatten die Plastik auf den Sockel transportiert. Der Filmarchitekt Ludwig Reiber hatte sie nach einem Entwurf von Franziska Bilek modelliert. Damit sollte zum Ausdruck gebracht werden: »Wie wär's mit einem Valentin-Denkmal?« Die Süddeutsche Zeitung stellte am 14./15. 2. 1953 diese Frage zur Diskussion: »Was sagen Sie zu dem Gedanken, ein Denkmal für Karl Valentin zu errichten? Welchen Aufstellungsort würden Sie wählen und wie soll es ausschauen?«
Das Ergebnis war eindeutig: »Ja, der Valentin verdient ein Denkmal!« Nur Stadtrat Branz lehnte ab, und eine Dame meinte: »*W*alentin? Kenn' ick nich!« Oberbürgermeister Wimmer bedauernd: »Valentin war eine berühmte Persönlichkeit, wie auch der Weiß Ferdl. Die Stadt kann aber nichts machen, weil auch andere Leute ein Denkmal verdienen. Bei aller Sympathie – aber ein Denkmal, das geht zu weit!« Der sparsame Thomas Wimmer fürchtete die Kosten.
Ernst Maria Lang, Karikaturist der Süddeutschen Zeitung, war begeistert von dem Denkmalsgedanken, »... weil damit einer aufs Postament kommt, der kein Herold war – dafür aber ein Mensch«. Seine Kollegin Franziska Bilek: »Statt der vielen damischen Ritter, die auf den Sockeln stehen, wäre doch ein originelles Denkmal für einen Künstler wie Valentin viel netter!«
Blasius, der Spaziergänger – alias Siegfried Sommer, denkt an das Bergl hinter der Peterskirche: »Der Komiker müßte auf den Viktualienmarkt schauen.« Und Oberamtmann Scheidacker brachte einen neuen Gedanken: »Es wäre ideal, den beiden größten Volkssängern, Karl Valentin und Weiß Ferdl, ein gemeinsames Denkmal zu setzen.«
Dieses vielbesprochene Projekt übernahm der Freundeskreis der

Münchner Volkssänger und Volksschauspieler, angeregt von Gustl Feldmeier, dem Protektor und Mäzen alles Münchnerischen, der seinerzeit erklärte, daß es nicht Denkmäler sein sollen, sondern Brunnen, mit möglichst typischen Darstellungen der beiden Komiker.

Das Wachsmodell einer Valentin-Figur, das in den Münchner Zeitungen abgebildet wurde, gefiel zunächst mir und vielen empörten Leserbriefschreibern gar nicht (»ein neues Ärgernis für uns Münchner«). Aber dann ist daraus doch ein reizender Denkmalsbrunnen geworden. Ich hatte gemeckert oder »gemasselt«, wie wir Münchner sagen, weil ich das Andenken an meinen Vater nicht verzerren lassen wollte.

Nun hatte er ein Denkmal – der Mann, über den man zu seinem 10. Todestag schrieb:

»Ist Valentin nicht ein Vorläufer auch des paradoxen Humors eines Beckett? Überraschende Perspektiven beim Gedenken an einen großen Komiker, über den die Gemüsefrauen am Viktualienmarkt in München zu lachen – und über den die Weisen nachzudenken nicht müde wurden.«

Am 13. Juni 1957 bildete die Abendzeitung das Brunnen-Denkmal ab. Vor Valentin stand die Filmschauspielerin Liselotte Pulver und überreichte ihm einen besonders großen Frühlingsstrauß. Darüber stand in großen fettgedruckten Buchstaben: »Was würde da der Valentin sagen?« Die originellsten Vorschläge wurden veröffentlicht. Den ersten Preis gab es für den Ausspruch: »Geh –, bleamin S'mi net o...!« Zweiter Preis: »Net amal ois Denkmal hat ma sei Ruah!« Dritter Preis: »Warum?« Der vierte Preis wurde geteilt. a) »Danke Freil'n Pulver; Wenn i net vergiß, dann kriagns zu Ihrem 75sten Geburstag von mir auch ein schönes Blumenbukett!« b) »Valentin: Wenn i net im Himmi waar, sondern auf der Erden, na tat i Eahna a Bußl gebn! Pulver: Aber Sie sind ja leider nicht mehr auf der Erde! Valentin: Des woaß i scho, i moan ja nur, wenn i net im Himml wär'...! Übrigens, wia i no g'lebt hab, hat mir träumt, daß i Eahna scho im Fuim gseng hab. Pulver: Damals hab ich aber noch gar nicht gefilmt! Valentin: Mir hats ja aa nur tramt, daß i Eahna g'seng hab. Pulver: Haben Sie mich damals überhaupt gekannt? Valentin: Naa, kennt hab i Eahna net, aber träumt hats ma, daß i Eahna kenn'!«

Was Papa bestimmt gesagt hätte: »Dankscheen, Frein Pulver. O mei, san Sie scheen ... nur schad' daß S'so mager san!« Das ist zwar nicht überaus witzig, aber dafür um so treffender, denn Papa hatte wirklich eine Schwäche für rundliche Damen. Das mußte auch Professor Dr. Mette erfahren, der mir schrieb:
»... Auch meiner Frau gegenüber ließ es Ihr Vater nie an Aufmerksamkeit fehlen. Trotzdem versicherte er unumwunden, sie sei für ihn ein ›Gespenst‹, weil er immer gleich ein Skelett gewahre, wenn ausreichende Körperfülle das nicht verhindere. Wie er uns gestand, gehörte für ihn zum Ausdruck des Lieblichen bei Frauen dieses Gepräge, das den Gedanken an die Vergänglichkeit alles Lebendigen zurückdrängte.«
Im September 1954 enthüllte Liesl Karlstadt die Gedenktafel in der Au. Es war der Tag, an dem die drei ehemaligen Isardörfer Au, Haidhausen und Giesing das 100jährige Jubiläum ihrer Eingemeindung nach München begingen. Thomas Wimmer, Georg Blädel als Valentin maskiert, Alfred Pongratz als Weiß Ferdl und ein farbenprächtiger Zug vieler anderer Münchner gaben Valentin vor seinem Geburtshaus in der Zeppelinstraße 41 – früher Entenbachstraße 63 – die Ehre.
Und seit 1959 gibt es im südlichen Turm des Isartors das »Valentin-Musäum«. Ein Löwenrelief an der Eingangstüre könnte irreführen. Es geht hier nicht in einen Zirkus – trotz der vielen Viechereien, die den Besucher erwarten. Für Sparsame sei verraten, daß der Eintritt nicht 60, sondern nur 59 Pfennig beträgt. Kinder und Militär haben nur 30 Pfennig zu bezahlen, Neunzigjährige in Begleitung ihrer Eltern gar nichts. Im Haus ist alles gut organisiert, so auch durch eindeutige Wegweiser wie: »Rundgang«, »Eingang«, »Durchgang«, »Ausgang« und »Stuhlgang«. Eine Wendeltreppe führt hinauf – führt aber auch wieder herunter. Ganz oben kann man sich bei Kaffee und Schmalznudeln erholen. Der Gründer und Hausherr, beziehungsweise »Turmherr«, Hannes König: »Anlaß war die 800-Jahr-Feier der Stadt München! Da haben wir im Alten Botanischen Garten eine Valentin-Ausstellung gemacht. Das Isartor war damals ja eine Ruine, ausgebombt. Die Ausstellung brachte überraschenderweise in wenigen Wochen über 10000 Besucher und uns auf die Idee, auf der Auer Dult noch einmal eine Valentin-Ausstellung

zu machen, und bei dieser Gelegenheit haben wir ein Gästebuch aufgelegt. Eine geheime Meinungsbefragung! Ein anonymer Münchner hat geschrieben: ›Warum laßt's Ihr des Museum net allaweil?‹ Und da fiel bei uns sozusagen das Zehnerl. Is' ja eigentlich wahr! Aber wo...?
Und hier war es ein Hund – jawohl, ein Hund, der die Lösung fand. Wir haben so einen großen Zwischenrassler gehabt, zwischen Bernhardiner und Wolfshund, und der hat bei seinen abendlichen Spaziergängen diesen achteckigen Turm sehr geliebt und frequentiert. Ich mußt ihn dabei begleiten und plötzlich kam mir der Gedanke: ... der Turm! Der wär's...! Ein kurzes Gespräch mit dem damaligen Bürgermeister Hieber, das sehr unamtlich vor sich ging: ›Sie, Herr Bürgermeister, schenken's uns s'Isartor!‹ Hieber: ›Was tat'na denn damit?‹ König: ›Ein Valentin-Museum hätt'n ma gern drinn!‹«
Hannes König ist auch Gründer der Volkssängerbühne in der Max-Emanuel-Brauerei in Schwabing und sprach auch bei der Gestaltung der Gedenktafel in Planegg ein gewichtiges Wort mit. Unser Bürgermeister, Richard Naumann, bat ihn um Vorschläge. Was dabei herauskam gefällt jedem. Nichts Abstraktes. Es existierte eine Bronze-Büste von Karl Valentin: Ähnlicher geht's nicht! Daß Papa das bei Lebzeiten mit sich machen ließ, den Gipsabdruck für die Büste, mußte ich immer bewundern, da ihm, dem Asthmatiker, die Luft ohnehin zu wenig war. Dieser Kopf war das Modell zum Relief, das Ludwig Reißl schuf.
Die Enthüllung fand am 8. November 1969 statt. Eine Gruppe von Straßenmusikanten spielte herrlich falsch. Weiß Ferdl war diesmal nicht mehr dabei, seine Witwe war für ihn da, und Liesl Karlstadt war auch schon gestorben. Heinz Erhard, der gerade in München gastierte, war gekommen und viele Freunde Valentins aus München hatten sich eingefunden.
Wenn man meinen Vater jetzt fragen würde: »Na, Herr Valentin, was sagn'n S' jetzt?, so würde er vielleicht antworten: »Wenn i des g'wußt hätt', daß's nach mein'm Tod so nett zu mir san, waar' i früher g'storb'n!«
Und jetzt verabschiedet sich Karl Valentin mit seinem selbstverfaßten »Vaterunser«, dem Gebet eines Humoristen, der im Diesseits nicht allzu viel zu lachen hatte.

»Vater unser, der Du bist im Himmel,
erlöse die Menschen nun endlich von den Menschen.
Diese Sippschaft ist nicht mehr wert
als daß Du sie vernichtest.
Sie wissen nichts anderes mehr zu tun
als Blut zu vergießen
indem sie sich gegenseitig abschlachten.
Mache Du nun endlich Schluß
mit den unseligen Kriegen
auf der ganzen Erde.
Du allein bist der Größte Feldherr.
Du brauchst keine Giftgase
und keine Kanonen
keine Tanks und keine Bomben.
Du brauchst nicht so grausame Waffen.
Lasse Du harmlose Schneeflocken vier Wochen lang
Tag und Nacht ununterbrochen auf die Erde fallen,
dann ist der wahre Frieden auf Erden –

Amen.«

Inhalt

Karl Valentin

Karl Valentin's Gesammelte Werke

61. Tsd. 430 Seiten und 28 Fotos auf Tafeln.
Leinen

Sturzflüge im Zuschauerraum
Der gesammelten Werke anderer Teil.

Herausgegeben von Michael Schulte. Mit einem
Vorwort von Kurt Horwitz. 21. Tsd. 309 Seiten und
22 Fotos auf Tafeln. Leinen

Die Jugendstreiche des Knaben Karl

Hrsg. von Bertl Valentin-Böheim.
Mit 70 Zeichnungen von Ludwig Greiner. Piper-Präsent.
26. Tsd. 155 Seiten. Leinen

benno höllteuffel
friß wos i sog

Gedichte von Michael Fruth & Carl-Ludwig Reichert.
106 Seiten mit einer Schallplatte. Pappband

Piper

Bayerisches Lesebuch

Geschichten, Szenen und Gedichte
aus fünf Jahrhunderten

Herausgegeben von Gerald Deckart und Günther Kapfhammer.
Mit einem »Plädoyer für eine bayerische Literatur«
von Martin Sperr. 1.–10. Tsd. 453 Seiten, Leinen

»Es ist zu rühmen, daß der Titel ›Bayerisches Lesebuch‹ glücklich gewählt ist. Die Herausgeber haben dem Reichtum des Bayerischen ihre Arme geöffnet, und man wird nicht müde, zu lesen, weil ein kräftiger Stoff in kräftiger Mischung sich darbietet; ja sogar sehr unterhaltend, wenn das in unserer tierisch ernsten Gegenwart als Lob gelten darf.«

Johann Lachner in der »Süddeutschen Zeitung«

»Eine Textauswahl bayerischer Literatur mit einem sicheren Gespür für Originelles.
So etwas hat es seit Jahrzehnten nicht mehr gegeben.«

»Nürnberger Nachrichten«